法律法规大字实用版系列

中华人民共和国 突发事件应对法

·大字实用版·

法律出版社法规中心 编

图书在版编目（CIP）数据

中华人民共和国突发事件应对法：大字实用版／法律出版社法规中心编. -- 北京：法律出版社，2024.（法律法规大字实用版系列）. -- ISBN 978－7－5197－9212－1

Ⅰ. D922.14

中国国家版本馆 CIP 数据核字第 20241FB368 号

中华人民共和国突发事件应对法 （大字实用版） ZHONGHUA RENMIN GONGHEGUO TUFA SHIJIAN YINGDUIFA（DAZI SHIYONGBAN）	法律出版社 法规中心 编	责任编辑 李争春　王　睿 装帧设计 臧晓飞

出版发行 法律出版社　　　　　　　　开本 A5
编辑统筹 法规出版分社　　　　　　　印张 4.25　　　字数 79 千
责任校对 张红蕊　　　　　　　　　　版本 2024 年 7 月第 1 版
责任印制 耿润瑜　　　　　　　　　　印次 2024 年 7 月第 1 次印刷
经　　销 新华书店　　　　　　　　　印刷 保定市中画美凯印刷有限公司

地址:北京市丰台区莲花池西里 7 号(100073)
网址:www.lawpress.com.cn　　　　　销售电话:010－83938349
投稿邮箱:info@lawpress.com.cn　　 客服电话:010－83938350
举报盗版邮箱:jbwq@lawpress.com.cn　咨询电话:010－63939796
版权所有·侵权必究

书号:ISBN 978－7－5197－9212－1　　　　定价:18.00 元
凡购买本社图书，如有印装错误，我社负责退换。电话:010－83938349

编辑出版说明

"法者，天下之准绳也。"在法治社会，人们与其生活的社会发生的所有关系，莫不以法律为纽带和桥梁。人与人之间即是各种法律关系的总和。为帮助广大读者学法、知法、守法、用法，我们组织专业力量精心编写了"法律法规大字实用版系列"丛书。本丛书具有以下特点：

1. 专业。出版机构专业：成立于1954年的法律出版社，是全国首家法律专业出版机构，有专业的法律编辑队伍和标准的法律文本资源。内容专业：书中的名词解释、实用问答理据权威、精准专业；典型案例均来自最高人民法院、最高人民检察院发布的指导案例、典型案例以及地方法院发布的经典案例，在实践中起到指引法官"同案同判"的作用，具有很强的参考性。

2. 全面。全书以主体法为编写主线，在法条下辅之以条文主旨、名词解释、实用问答、典型案例，囊括了该条的专业概念阐释和疑难实务问题，帮助读者全面构建该条的立体化知识体系。

3. 实用。实用问答模块以一问一答的方式解答实务中的疑难问题，读者可按图索骥获取解决实务问题的答案；典型案例模块精选与条文密切相关的经典案例，在书中呈现裁判要旨，读者可按需扫描案例二维码获取案例全文。

4. 易读。采用大字排版、双色印刷，易读不累，清晰疏朗，提升了阅读体验感；波浪线标注条文重点，帮助读者精准捕捉条文要义。

书中可能尚存讹误，不当之处，尚祈读者批评指正。

法律出版社法规中心

2024 年 6 月

目 录

中华人民共和国突发事件应对法

第一章 总则 ………………………………………………… 002

第一条 立法目的 ……………………………………… 002

第二条 突发事件含义、调整范围、法律适用 ………… 002

第三条 突发事件分类、分级标准 …………………… 003

第四条 党的领导、指导思想、领导体制、治理体系 …… 005

第五条 工作原则 ……………………………………… 005

第六条 社会动员机制 ………………………………… 007

第七条 信息发布制度 ………………………………… 007

第八条 新闻采访报道制度 …………………………… 008

第九条 投诉、举报制度 ……………………………… 009

第十条 应对措施合理性原则 ………………………… 009

第十一条 特殊、优先保护 …………………………… 010

第十二条 财产征用与补偿 …………………………… 010

第十三条 时效和程序中止 …………………………… 013

第十四条 国际交流与合作 …………………………… 013

第十五条 表彰、奖励 ………………………………… 013

第二章　管理与指挥体制 ·· 014

　　第十六条　应急管理体制、工作体系 ························ 014

　　第十七条　突发事件应对管理工作分工 ···················· 014

　　第十八条　建立协同应对机制 ································ 015

　　第十九条　行政领导机关、突发事件应对工作分工 ····· 015

　　第二十条　应急指挥机构依法发布决定、命令、措施 ··· 019

　　第二十一条　应对管理职责分工 ····························· 019

　　第二十二条　基层人民政府及自治组织的职责 ··········· 020

　　第二十三条　公众参与 ··· 020

　　第二十四条　武装力量、民兵参与应急 ···················· 020

　　第二十五条　本级人大监督 ··································· 020

第三章　预防与应急准备 ·· 021

　　第二十六条　应急预案体系 ··································· 021

　　第二十七条　应急预案建设 ··································· 021

　　第二十八条　应急预案基本内容与要求 ···················· 023

　　第二十九条　突发事件应急体系建设规划 ················· 023

　　第三十条　国土空间规划等规划 ····························· 023

　　第三十一条　应急避难场所的建设和管理 ················· 024

　　第三十二条　突发事件风险评估 ····························· 025

　　第三十三条　危险源、危险区域的治理职责 ·············· 025

　　第三十四条　及时调解处理矛盾纠纷 ······················· 026

　　第三十五条　安全管理制度 ··································· 027

　　第三十六条　高危行业单位预防突发事件的义务 ········ 027

　　第三十七条　人员密集场所的经营单位或者管理单位的预防义务 ·· 028

　　第三十八条　培训制度 ··· 029

第三十九条　应急救援队伍建设 ………………………………… 030

第四十条　应急救援人员人身保险与职业资格 ………………… 031

第四十一条　军队和民兵组织开展专门训练 …………………… 032

第四十二条　应急知识宣传普及和应急演练 …………………… 032

第四十三条　学校开展应急知识教育 …………………………… 033

第四十四条　经费保障 …………………………………………… 033

第四十五条　国家应急物资储备保障 …………………………… 033

第四十六条　地方应急物资储备保障 …………………………… 034

第四十七条　应急运输保障 ……………………………………… 035

第四十八条　能源应急保障 ……………………………………… 036

第四十九条　应急通信保障 ……………………………………… 036

第五十条　突发事件卫生应急体系 ……………………………… 036

第五十一条　急救医疗服务网络 ………………………………… 037

第五十二条　社会力量支持 ……………………………………… 037

第五十三条　红十字会与慈善组织的职责 ……………………… 038

第五十四条　应急救援资金、物资的管理 ……………………… 038

第五十五条　国家发展保险事业 ………………………………… 039

第五十六条　人才培养和科技赋能 ……………………………… 039

第五十七条　突发事件专家咨询论证制度 ……………………… 040

第四章　监测与预警 …………………………………………… 042

第五十八条　突发事件监测制度 ………………………………… 042

第五十九条　统一的突发事件信息系统 ………………………… 043

第六十条　信息收集制度 ………………………………………… 044

第六十一条　信息报送制度 ……………………………………… 045

第六十二条　汇总分析突发事件隐患和预警信息 ……………… 046

第六十三条　突发事件预警制度 ………………………………… 046

第六十四条　警报信息发布、报告和通报 …… 047

第六十五条　预警信息发布要求 …… 048

第六十六条　三级、四级预警的应对措施 …… 048

第六十七条　一级、二级预警的应对措施 …… 049

第六十八条　重要商品和服务市场情况监测 …… 051

第六十九条　社会安全事件报告制度 …… 052

第七十条　预警调整与解除 …… 052

第五章　应急处置与救援 …… 054

第七十一条　分级应急响应制度 …… 054

第七十二条　采取应急处置措施的要求 …… 054

第七十三条　自然灾害、事故灾难或者公共卫生事件的应急处置措施 …… 056

第七十四条　社会安全事件的应急处置措施 …… 060

第七十五条　突发事件严重影响国民经济正常运行的应急处置措施 …… 061

第七十六条　应急救援征用、协作及帮扶制度 …… 062

第七十七条　基层群众性自治组织应急救援职责 …… 063

第七十八条　突发事件发生地有关单位的应急救援职责 …… 064

第七十九条　突发事件发生地公民的义务 …… 065

第八十条　加强城乡社区应急机制和信息功能 …… 066

第八十一条　心理健康服务工作 …… 066

第八十二条　科学规范处置遗体及妥善管理遗物 …… 066

第八十三条　信息的提供以及保密 …… 068

第八十四条　合法收集和保护个人信息 …… 068

第八十五条　个人信息合理使用和处理 …… 069

第六章 事后恢复与重建 ······ 071

 第八十六条 应急处置措施的停止 ······ 071

 第八十七条 损失评估和组织恢复重建 ······ 071

 第八十八条 支援恢复重建 ······ 071

 第八十九条 善后工作 ······ 073

 第九十条 公民参加应急工作的权益保障 ······ 073

 第九十一条 落实保障政策 ······ 074

 第九十二条 查明原因并总结经验教训 ······ 074

 第九十三条 审计监督 ······ 075

 第九十四条 档案管理 ······ 075

第七章 法律责任 ······ 077

 第九十五条 政府及有关部门不正确履行法定职责的法律责任 ······ 077

 第九十六条 有关单位的法律责任 ······ 082

 第九十七条 编造、传播虚假信息的法律责任 ······ 085

 第九十八条 违反决定、命令的处理 ······ 085

 第九十九条 违反个人信息保护规定的责任 ······ 086

 第一百条 民事责任 ······ 086

 第一百零一条 紧急避险 ······ 086

 第一百零二条 行政与刑事责任 ······ 087

第八章 附则 ······ 089

 第一百零三条 紧急状态 ······ 089

 第一百零四条 保护管辖 ······ 090

 第一百零五条 外国人、无国籍人的属地管辖 ······ 090

 第一百零六条 施行时间 ······ 090

附录 ……………………………………………………………… 091
突发公共卫生事件应急条例（2011.1.8 修订） ………… 091
破坏性地震应急条例（2011.1.8 修订） ………………… 101
国家突发公共事件总体应急预案（2006.1.8） ………… 108
突发事件应急预案管理办法（2024.1.31） …………… 117

中华人民共和国突发事件应对法

- 2007年8月30日第十届全国人民代表大会常务委员会第二十九次会议通过

- 2024年6月28日第十四届全国人民代表大会常务委员会第十次会议修订

第一章 总 则

◆ **第一条 立法目的**[1]

为了预防和减少突发事件的发生，控制、减轻和消除突发事件引起的严重社会危害，提高突发事件预防和应对能力，规范突发事件应对活动，保护人民生命财产安全，维护国家安全、公共安全、生态环境安全和社会秩序，根据宪法，制定本法。

名词解释

国家安全，是指国家政权、主权、统一和领土完整、人民福祉、经济社会可持续发展和国家其他重大利益相对处于没有危险和不受内外威胁的状态，以及保障持续安全状态的能力。

◆ **第二条 突发事件含义、调整范围、法律适用**

本法所称突发事件，是指突然发生，造成或者可能造成严重社会危害，需要采取应急处置措施予以应对的自然灾害、事故灾难、公共卫生事件和社会安全事件。

突发事件的预防与应急准备、监测与预警、应急处置与救援、事后恢复与重建等应对活动，适用本法。

---

[1] 条文主旨为编者所加，下同。

第一章　总　则　003

《中华人民共和国传染病防治法》等有关法律对突发公共卫生事件应对作出规定的，适用其规定。有关法律没有规定的，适用本法。

刘炜诉白城市洮北区林业和草原局行政强制案[①]

要旨　2007年《突发事件应对法》第3条第1款规定，"本法所称的突发事件，是指突然发生，造成或者可能造成严重社会危害，需要采取应急措施处置措施予以应对的自然灾害、事故灾难、公共卫生事件和社会安全事件"。首先，从现有证据来看，案涉土地被上诉人刘炜已经营多年，结合该法对"突发事件"的界定，被上诉人刘炜的行为明显不属于该法规定的情形，上诉人白城市洮北区林业和草原局所称被上诉人刘炜的行为属于"突发事件"的说法二审法院不予认可，其次，从上诉人白城市洮北区林业和草原局行政行为的合法性来看，其未严格按照《行政强制法》的程序进行，应属违法。故上诉人白城市洮北区林业和草原局的上诉理由不能成立，一审认定事实清楚，适用法律正确，应予维持。

◆ **第三条　突发事件分类、分级标准**

按照社会危害程度、影响范围等因素，突发自然灾害、事故灾难、公共卫生事件分为特别重大、重大、较大和一般四级。法

---

① 参见吉林省白城市中级人民法院（2021）吉08行终9号行政判决书。

律、行政法规或者国务院另有规定的，从其规定。

突发事件的分级标准由国务院或者国务院确定的部门制定。

实用问答

1. 突发公共事件主要分为哪几类、哪几级？

答：《国家突发公共事件总体应急预案》规定，根据突发公共事件的发生过程、性质和机理，突发公共事件主要分为以下四类：（1）自然灾害。主要包括水旱灾害、气象灾害、地震灾害、地质灾害、海洋灾害、生物灾害和森林草原火灾等。（2）事故灾难。主要包括工矿商贸等企业的各类安全事故，交通运输事故，公共设施和设备事故，环境污染和生态破坏事件等。（3）公共卫生事件。主要包括传染病疫情，群体性不明原因疾病，食品安全和职业危害，动物疫情，以及其他严重影响公众健康和生命安全的事件。（4）社会安全事件。主要包括恐怖袭击事件、经济安全事件和涉外突发事件等。各类突发公共事件按照其性质、严重程度、可控性和影响范围等因素，一般分为四级：Ⅰ级（特别重大）、Ⅱ级（重大）、Ⅲ级（较大）和Ⅳ级（一般）。

2. 生产安全事故一般分为哪些等级？

答：《生产安全事故报告和调查处理条例》第 3 条第 1、2 款规定，根据生产安全事故造成的人员伤亡或者直接经济损失，生产安全事故一般分为以下等级：（1）特别重大生产安全事故，是指造成 30 人以上死亡，或者 100 人以上重伤（包括急性工业中毒，下同），或者 1 亿元以上直接经济损失的生产安全事故；（2）重大生产安全事故，是指造成 10 人以上 30 人以下死亡，或者 50 人以上 100 人以下重伤，或者 5000 万元以上 1 亿元以下直接经济损失的生产安全事故；(3) 较大生产安全事故，是指造成 3 人以上 10 人以下死亡，或者 10 人以上 50 人以下重伤，或者 1000 万元以上 5000 万元以下直接经济损失的生产安全事故；(4) 一般生产安全事故，是指造成 3 人以下死亡，或者 10 人以下重伤，或者 1000 万元以下直接经济损失的生产安全事故。国务院安全生产监督管理部门可以会同国务院有关部门，制定生产安全事故等级划分的补充性规定。

◆ 第四条　党的领导、指导思想、领导体制、治理体系

突发事件应对工作坚持中国共产党的领导，坚持以马克思列宁主义、毛泽东思想、邓小平理论、"三个代表"重要思想、科学发展观、习近平新时代中国特色社会主义思想为指导，建立健全集中统一、高效权威的中国特色突发事件应对工作领导体制，完善党委领导、政府负责、部门联动、军地联合、社会协同、公众参与、科技支撑、法治保障的治理体系。

◆ 第五条　工作原则

突发事件应对工作应当坚持总体国家安全观，统筹发展与安全；坚持人民至上、生命至上；坚持依法科学应对，尊重和保障人权；坚持预防为主、预防与应急相结合。

名词解释

总体国家安全观，2014 年 4 月 15 日，习近平总书记在中央国家安全委员会第一次全体会议上提出了总体国家安全观重大战略思想，为新形势下维护国家安全工作确立了重要遵循。党的十九大报告指出："必须坚持国家利益至上，以人民安全为宗旨，以政治安全为根

本，统筹外部安全和内部安全、国土安全和国民安全、传统安全和非传统安全、自身安全和共同安全，完善国家安全制度体系，加强国家安全能力建设，坚决维护国家主权、安全、发展利益。"党的二十大报告强调："必须坚定不移贯彻总体国家安全观，把维护国家安全贯穿党和国家工作各方面全过程，确保国家安全和社会稳定。"

实用问答

1. 国防活动的工作原则是什么？

答：根据《国防法》第 4 条的规定，国防活动坚持以马克思列宁主义、毛泽东思想、邓小平理论、"三个代表"重要思想、科学发展观、习近平新时代中国特色社会主义思想为指导，贯彻习近平强军思想，坚持总体国家安全观，贯彻新时代军事战略方针，建设与我国国际地位相称、与国家安全和发展利益相适应的巩固国防和强大武装力量。

2. 安全生产工作的工作原则是什么？

答：根据《安全生产法》第 3 条的规定，安全生产工作坚持中国共产党的领导。安全生产工作应当以人为本，坚持人民至上、生命至上，把保护人民生命安全摆在首位，树牢安全发展理念，坚持安全第一、预防为主、综合治理的方针，从源头上防范化解重大安全风险。安全生产工作实行管行业必须管安全、管业务必须管安全、管生产经营必须管安全，强化和落实生产经营单位主体责任与政府监管责任，建立生产经营单位负责、职工参与、政府监管、行业自律和社会监督的机制。

◆ 第六条 社会动员机制

国家建立有效的社会动员机制，组织动员企业事业单位、社会组织、志愿者等各方力量依法有序参与突发事件应对工作，增强全民的公共安全和防范风险的意识，提高全社会的避险救助能力。

实用问答

提供具有社会动员能力的生成式人工智能服务应当履行什么手续？

答：根据《生成式人工智能服务管理暂行办法》第17条的规定，提供具有社会动员能力的生成式人工智能服务，应当按照国家有关规定开展安全评估，并按照《互联网信息服务算法推荐管理规定》履行算法备案和变更、注销备案手续。

◆ 第七条 信息发布制度

国家建立健全突发事件信息发布制度。有关人民政府和部门应当及时向社会公布突发事件相关信息和有关突发事件应对的决定、命令、措施等信息。

任何单位和个人不得编造、故意传播有关突发事件的虚假信息。有关人民政府和部门发现影响或者可能影响社会稳定、扰乱社会和经济管理秩序的虚假或者不完整信息的，应当及时发布准确的信息予以澄清。

 **典型案例**

辽宁省鞍山市赵某某涉嫌编造、故意传播虚假信息案[①]

要旨 在疫情防控期间,编造虚假的疫情信息,在信息网络或者其他媒体上传播,或者明知是虚假疫情信息,故意在信息网络上或者其他媒体上传播,严重扰乱社会秩序的,依照《刑法》第291条之一第2款的规定,以编造、故意传播虚假信息罪定罪处罚。编造虚假信息,或者明知是编造的虚假信息,在信息网络上散布,或者组织、指使人员在信息网络上散布,起哄闹事,造成公共秩序严重混乱的,依照《刑法》第293条第1款第4项的规定,以寻衅滋事罪定罪处罚。

◆ **第八条 新闻采访报道制度**

国家建立健全突发事件新闻采访报道制度。有关人民政府和部门应当做好新闻媒体服务引导工作,支持新闻媒体开展采访报道和舆论监督。

新闻媒体采访报道突发事件应当及时、准确、客观、公正。

新闻媒体应当开展突发事件应对法律法规、预防与应急、自救与互救知识等的公益宣传。

[①] 参见《全国检察机关依法办理妨害新冠肺炎疫情防控犯罪典型案例(第二批)》,载最高人民检察院网 2020 年 2 月 19 日,https://www.spp.gov.cn/spp/xwfbh/wsfbh/202002/t20200219_454775.shtml。

◆ **第九条　投诉、举报制度**

　　国家建立突发事件应对工作投诉、举报制度，公布统一的投诉、举报方式。

　　对于不履行或者不正确履行突发事件应对工作职责的行为，任何单位和个人有权向有关人民政府和部门投诉、举报。

　　接到投诉、举报的人民政府和部门应当依照规定立即组织调查处理，并将调查处理结果以适当方式告知投诉人、举报人；投诉、举报事项不属于其职责的，应当及时移送有关机关处理。

　　有关人民政府和部门对投诉人、举报人的相关信息应当予以保密，保护投诉人、举报人的合法权益。

实用问答

从业人员发现本单位安全生产工作中存在问题的，可以采取哪些措施？

　　答：根据《安全生产法》第54条第1款的规定，从业人员有权对本单位安全生产工作中存在的问题提出批评、检举、控告；有权拒绝违章指挥和强令冒险作业。

◆ **第十条　应对措施合理性原则**

　　突发事件应对措施应当与突发事件可能造成的社会危害的性质、程度和范围相适应；有多种措施可供选择的，应当选择有利于最大程度地保护公民、法人和其他组织权益，且对他人权益损害和生态环境影响较小的措施，并根据情况变化及时调整，做到科学、精准、有效。

📄 **实用问答**

履行国家安全危机管控职责的有关机关如何采取处置国家安全危机的管控措施？

答：根据《国家安全法》第 66 条的规定，履行国家安全危机管控职责的有关机关依法采取处置国家安全危机的管控措施，应当与国家安全危机可能造成的危害的性质、程度和范围相适应；有多种措施可供选择的，应当选择有利于最大程度保护公民、组织权益的措施。

◆ **第十一条　特殊、优先保护**

国家在突发事件应对工作中，应当对未成年人、老年人、残疾人、孕产期和哺乳期的妇女、需要及时就医的伤病人员等群体给予特殊、优先保护。

◆ **第十二条　财产征用与补偿**

县级以上人民政府及其部门为应对突发事件的紧急需要，可以征用单位和个人的设备、设施、场地、交通工具等财产。被征用的财产在使用完毕或者突发事件应急处置工作结束后，应当及时返还。财产被征用或者征用后毁损、灭失的，应当给予公平、合理的补偿。

📄 **实用问答**

1. 在紧急防汛期，防汛指挥机构以及公安、交通等有关部门可以采取哪些措施？

答：根据《防洪法》第 45 条第 1 款的规定，在紧急防汛期，防汛指挥机构根据防汛抗洪的需要，有权在其管辖范围内调用物资、设备、交通运输工具和人力，决定采取取土占地、砍伐林木、清除阻水障碍物和其他必要的紧急措施；必要时，公安、交通等有关部门按照防汛指挥机构的决定，依法实施陆地和水面交通管制。

2. 汛期结束后，防汛指挥机构在紧急防汛期调用的物资、设备、交通运输工具等应当如何处理；取土占地、砍伐林木的，在汛期结束后应采取什么措施？

答：根据《防洪法》第45条第2款的规定，依照《防洪法》第45条第1款的规定调用的物资、设备、交通运输工具等，在汛期结束后应当及时归还；造成损坏或者无法归还的，按照国务院有关规定给予适当补偿或者作其他处理。取土占地、砍伐林木的，在汛期结束后依法向有关部门补办手续；有关地方人民政府对取土后的土地组织复垦，对砍伐的林木组织补种。

3. 国务院及地方各级人民政府在传染病暴发、流行时，如何调集人员或者调用储备物资，临时征用房屋、交通工具以及相关设施、设备？

答：根据《传染病防治法》第45条的规定，传染病暴发、流行时，根据传染病疫情控制的需要，国务院有权在全国范围或者跨省、自治区、直辖市范围内，县级以上地方人民政府有权在本行政区域内紧急调集人员或者调用储备物资，临时征用房屋、交通工具以及相关设施、设备。紧急调集人员的，应当按照规定给予合理报酬。临时征用房屋、交通工具以及相关设施、设备的，应当依法给予补偿；能返还的，应当及时返还。

4. 战时拒绝军事征收、征用，情节严重的，应当承担什么法律责任？

答：根据《刑法》第381条的规定，战时拒绝军事征收、征用，情节严重的,处 3 年以下有期徒刑或者拘役。

景玉宽诉锦州市凌河区人民政府
城乡建设行政管理案①

要旨 2007 年《突发事件应对法》第 12 条规定,有关人民政府及其部门为应对突发事件,可以征用单位和个人的财产。被征用的财产在使用完毕或者突发事件应急处置工作结束后,应当及时返还。财产被征用或者征用后毁损、灭失的,应当给予补偿。本案中,凌河区政府所实施的征用、征收行为,是在辽宁省新冠肺炎疫情防控形势严峻的情况下进行的,其对景玉宽所有的房屋及附属设施等所实施的征用征收行为具有法律依据。需要指出的是,凌河区政府在已发布征地拆迁决定并制定了安置补偿方案的情况下,应当按照补偿方案对被征收人进行安置补偿,但凌河区政府却在未严格履行法定程序的情况下即组织相关部门对景玉宽所有的位于锦州市××区北山里××号的房屋及其附属设施实施强制拆除,确有不妥。结合考虑凌河区政府是在重大公共卫生事件突发的情况下,根据辽宁省政府和锦州市委市政府的部署所实施的征收征用行为,一审法院对景玉宽提出的要求确认凌河区政府实施的强制拆除行为违法的诉讼请求未予支持,并无不当。

---

① 参见辽宁省高级人民法院(2021)辽行终 102 号行政判决书。

◆ 第十三条 时效和程序中止

因依法采取突发事件应对措施，致使诉讼、监察调查、行政复议、仲裁、国家赔偿等活动不能正常进行的，适用有关时效中止和程序中止的规定，法律另有规定的除外。

◆ 第十四条 国际交流与合作

中华人民共和国政府在突发事件的预防与应急准备、监测与预警、应急处置与救援、事后恢复与重建等方面，同外国政府和有关国际组织开展合作与交流。

◆ 第十五条 表彰、奖励

对在突发事件应对工作中做出突出贡献的单位和个人，按照国家有关规定给予表彰、奖励。

第二章　管理与指挥体制

◆ **第十六条　应急管理体制、工作体系**

　　国家建立统一指挥、专常兼备、反应灵敏、上下联动的应急管理体制和综合协调、分类管理、分级负责、属地管理为主的工作体系。

实用问答

　　防汛抗洪工作的管理体制是什么？

　　答：根据《防洪法》第 38 条的规定，防汛抗洪工作实行各级人民政府行政首长负责制，统一指挥、分级分部门负责。

◆ **第十七条　突发事件应对管理工作分工**

　　县级人民政府对本行政区域内突发事件的应对管理工作负责。突发事件发生后，发生地县级人民政府应当立即采取措施控制事态发展，组织开展应急救援和处置工作，并立即向上一级人民政府报告，必要时可以越级上报，具备条件的，应当进行网络直报或者自动速报。

　　突发事件发生地县级人民政府不能消除或者不能有效控制突发事件引起的严重社会危害的，应当及时向上级人民政府报告。上级人民政府应当及时采取措施，统一领导应急处置工作。

法律、行政法规规定由国务院有关部门对突发事件应对管理工作负责的，从其规定；地方人民政府应当积极配合并提供必要的支持。

◆ **第十八条　建立协同应对机制**

突发事件涉及两个以上行政区域的，其应对管理工作由有关行政区域共同的上一级人民政府负责，或者由各有关行政区域的上一级人民政府共同负责。共同负责的人民政府应当按照国家有关规定，建立信息共享和协调配合机制。根据共同应对突发事件的需要，地方人民政府之间可以建立协同应对机制。

◆ **第十九条　行政领导机关、突发事件应对工作分工**

县级以上人民政府是突发事件应对管理工作的行政领导机关。

国务院在总理领导下研究、决定和部署特别重大突发事件的应对工作；根据实际需要，设立国家突发事件应急指挥机构，负责突发事件应对工作；必要时，国务院可以派出工作组指导有关工作。

县级以上地方人民政府设立由本级人民政府主要负责人、相关部门负责人、国家综合性消防救援队伍和驻当地中国人民解放军、中国人民武装警察部队有关负责人等组成的突发事件应急指挥机构，统一领导、协调本级人民政府各有关部门和下级人民政府开展突发事件应对工作；根据实际需要，设立相关类别突发事件应急指挥机构，组织、协调、指挥突发事件应对工作。

> **实用问答**

1. 我国防汛指挥机构是如何设立的？分别负责哪些具体工作？

答：根据《防洪法》第 39 条的规定，国务院设立国家防汛指挥机构，负责领导、组织全国的防汛抗洪工作，其办事机构设在国务院水行政主管部门。

在国家确定的重要江河、湖泊可以设立由有关省、自治区、直辖市人民政府和该江河、湖泊的流域管理机构负责人等组成的防汛指挥机构，指挥所管辖范围内的防汛抗洪工作，其办事机构设在流域管理机构。

有防汛抗洪任务的县级以上地方人民政府设立由有关部门、当地驻军、人民武装部负责人等组成的防汛指挥机构，在上级防汛指挥机构和本级人民政府的领导下，指挥本地区的防汛抗洪工作，其办事机构设在同级水行政主管部门；必要时，经城市人民政府决定，防汛指挥机构也可以在建设行政主管部门设城市市区办事机构，在防汛指挥机构的统一领导下，负责城市市区的防汛抗洪日常工作。

2. 国务院及地方各级人民政府在抗震救灾中负有哪些职责？

答：根据《防震减灾法》第 6 条的规定，国务院抗震救灾指挥机构负责统一领导、指挥和协调全国抗震救灾工作。县级以上地方人民政府抗震救灾指挥机构负责统一领导、指挥和协调本行政区域的抗震救灾工作。国务院地震工作主管部门和县级以上地方人民政府负责管理地震工作的部门或者机构，承担本级人民政府抗震救灾指挥机构的日常工作。

3. 国务院及地方各级人民政府在气象工作中负有哪些职责？

答：根据《气象法》第 5 条的规定，国务院气象主管机构负责全国的气象工作。地方各级气象主管机构在上级气象主管机构和本级人民政府的领导下，负责本行政区域内的气象工作。国务院其他有关部门和省、自治区、直辖市人民政府其他有关部门所属的气象台站，应当接受同级气象主管机构对其气象工作的指导、监督和行业管理。

4. 国务院及地方各级人民政府在安全生产工作中负有哪些职责？

答：根据《安全生产法》第 8 条的规定，国务院和县级以上地方各级人民政府应当根据国民经济和社会发展规划制定安全生产规划，并组织实施。安全生产规划应当与国土空间规划等相关规划相衔接。各级人民政府应当加强安全生产基础设施建设和安全生产监管能力建设，所需经费列入本级预算。县级以上地方各级人民政府应当组织有关部门建立完善安全风险评估与论证机制，按照安全风险管控要求，进行产业规划和空间布局，并对位置相邻、行业相近、业态相似的生产经营单位实施重大安全风险联防联控。

5. 哪些部门负责对矿山安全工作实施监督管理？

答：根据《矿山安全法》第 4 条的规定，国务院劳动行政主管部门对全国矿山安全工作实施统一监督。县级以上地方各级人民政府劳动行政主管部门对本行政区域内的矿山安全工作实施统一监督。县级以上人民政府管理矿山企业的主管部门对矿山安全工作进行管理。

6. 国务院及地方各级人民政府在消防工作中负有哪些职责？

答：根据《消防法》第 3 条的规定，国务院领导全国的消防工作。地方各级人民政府负责本行政区域内的消防工作。各级人民政府应当将消防工作纳入国民经济和社会发展计划，保障消防工作与经济社会发展相适应。

7. 消防工作的监督管理部门如何确定？

答：根据《消防法》第 4 条第 1 款的规定，国务院应急管理部门对全国的消防工作实施监督管理。县级以上地方人民政府应急管理部门对本行政区域内的消防工作实施监督管理，并由本级人民政府消防救援机构负责实施。军事设施的消防工作，由其主管单位监督管理，消防救援机构协助；矿井地下部分、核电厂、海上石油天然气设施的消防工作，由其主管单位监督管理。

8. 国务院及地方各级人民政府在传染病防治工作中负有哪些职责？

答：根据《传染病防治法》第5条的规定，各级人民政府领导传染病防治工作。县级以上人民政府制定传染病防治规划并组织实施，建立健全传染病防治的疾病预防控制、医疗救治和监督管理体系。

9. 哪些部门负责传染病防治工作及其监督管理工作？

答：根据《传染病防治法》第6条的规定，国务院卫生行政部门主管全国传染病防治及其监督管理工作。县级以上地方人民政府卫生行政部门负责本行政区域内的传染病防治及其监督管理工作。县级以上人民政府其他部门在各自的职责范围内负责传染病防治工作。军队的传染病防治工作，依照《传染病防治法》和国家有关规定办理，由中国人民解放军卫生主管部门实施监督管理。

10. 军队参加抢险救灾主要担负哪些任务？

答：根据《军队参加抢险救灾条例》第3条的规定，军队参加抢险救灾主要担负下列任务：（1）解救、转移或者疏散受困人员；（2）保护重要目标安全；（3）抢救、运送重要物资；（4）参加道路（桥梁、隧道）抢修、海上搜救、核生化救援、疫情控制、医疗救护等专业抢险；（5）排除或者控制其他危重险情、灾情。必要时，军队可以协助地方人民政府开展灾后重建等工作。

◆ **第二十条　应急指挥机构依法发布决定、命令、措施**

突发事件应急指挥机构在突发事件应对过程中可以依法发布有关突发事件应对的决定、命令、措施。突发事件应急指挥机构发布的决定、命令、措施与设立它的人民政府发布的决定、命令、措施具有同等效力，法律责任由设立它的人民政府承担。

◆ **第二十一条　应对管理职责分工**

县级以上人民政府应急管理部门和卫生健康、公安等有关部门应当在各自职责范围内做好有关突发事件应对管理工作，并指导、协助下级人民政府及其相应部门做好有关突发事件的应对管理工作。

实用问答

国务院和地方各级人民政府及相关部门在医疗卫生与健康促进工作中负有哪些职责？

答：根据《基本医疗卫生与健康促进法》第 7 条的规定，国务院和地方各级人民政府领导医疗卫生与健康促进工作。国务院卫生健康主管部门负责统筹协调全国医疗卫生与健康促进工作。国务院其他有关部门在各自职责范围内负责有关的医疗卫生与健康促进工作。县级以上地方人民政府卫生健康主管部门负责统筹协调本行政区域医疗卫生与健康促进工作。县级以上地方人民政府其他有关部门在各自职责范围内负责有关的医疗卫生与健康促进工作。

◆ **第二十二条　基层人民政府及自治组织的职责**

乡级人民政府、街道办事处应当明确专门工作力量,负责突发事件应对有关工作。

居民委员会、村民委员会依法协助人民政府和有关部门做好突发事件应对工作。

◆ **第二十三条　公众参与**

公民、法人和其他组织有义务参与突发事件应对工作。

◆ **第二十四条　武装力量、民兵参与应急**

中国人民解放军、中国人民武装警察部队和民兵组织依照本法和其他有关法律、行政法规、军事法规的规定以及国务院、中央军事委员会的命令,参加突发事件的应急救援和处置工作。

◆ **第二十五条　本级人大监督**

县级以上人民政府及其设立的突发事件应急指挥机构发布的有关突发事件应对的决定、命令、措施,应当及时报本级人民代表大会常务委员会备案;突发事件应急处置工作结束后,应当向本级人民代表大会常务委员会作出专项工作报告。

第三章　预防与应急准备

◆ **第二十六条　应急预案体系**

国家建立健全突发事件应急预案体系。

国务院制定国家突发事件总体应急预案，组织制定国家突发事件专项应急预案；国务院有关部门根据各自的职责和国务院相关应急预案，制定国家突发事件部门应急预案并报国务院备案。

地方各级人民政府和县级以上地方人民政府有关部门根据有关法律、法规、规章、上级人民政府及其有关部门的应急预案以及本地区、本部门的实际情况，制定相应的突发事件应急预案并按国务院有关规定备案。

名词解释

应急预案，是指各级人民政府及其部门、基层组织、企事业单位和社会组织等为依法、迅速、科学、有序进行应对，最大程度地减少突发事件及其造成的损害而预先制定的方案。

◆ **第二十七条　应急预案建设**

县级以上人民政府应急管理部门指导突发事件应急预案体系建设，综合协调应急预案衔接工作，增强有关应急预案的衔接性和实效性。

实用问答

1. 交通运输主管部门制定应急预案时应当注意什么？

答：根据《交通运输突发事件应急管理规定》第 10 条的规定，交通运输主管部门制定的应急预案应当与本级人民政府及上级交通运输主管部门制定的相关应急预案衔接一致。

2. 如何制定核事故应急预案？

答：根据《核安全法》第 55 条的规定，国务院核工业主管部门承担国家核事故应急协调委员会日常工作，牵头制定国家核事故应急预案，经国务院批准后组织实施。国家核事故应急协调委员会成员单位根据国家核事故应急预案部署，制定本单位核事故应急预案，报国务院核工业主管部门备案。省、自治区、直辖市人民政府指定的部门承担核事故应急协调委员会的日常工作，负责制定本行政区域内场外核事故应急预案，报国家核事故应急协调委员会审批后组织实施。核设施营运单位负责制定本单位场内核事故应急预案，报国务院核工业主管部门、能源主管部门和省、自治区、直辖市人民政府指定的部门备案。中国人民解放军和中国人民武装警察部队按照国务院、中央军事委员会的规定，制定本系统支援地方的核事故应急工作预案，报国务院核工业主管部门备案。应急预案制定单位应当根据实际需要和情势变动，适时修订应急预案。

3. 哪些情形下生产安全事故应急救援预案制定单位应当及时修订相关预案？

答：根据《生产安全事故应急条例》第 6 条第 2 款的规定，有下列情形之一的，生产安全事故应急救援预案制定单位应当及时修订相关预案：（1）制定预案所依据的法律、法规、规章、标准发生重大变化；（2）应急指挥机构及其职责发生调整；（3）安全生产面临的风险发生重大变化；（4）重要应急资源发生重大变化；（5）在预案演练或者应急救援中发现需要修订预案的重大问题；（6）其他应当修订的情形。

◆ **第二十八条　应急预案基本内容与要求**

应急预案应当根据本法和其他有关法律、法规的规定，针对突发事件的性质、特点和可能造成的社会危害，具体规定突发事件应对管理工作的组织指挥体系与职责和突发事件的预防与预警机制、处置程序、应急保障措施以及事后恢复与重建措施等内容。

应急预案制定机关应当广泛听取有关部门、单位、专家和社会各方面意见，增强应急预案的针对性和可操作性，并根据实际需要、情势变化、应急演练中发现的问题等及时对应急预案作出修订。

应急预案的制定、修订、备案等工作程序和管理办法由国务院规定。

◆ **第二十九条　突发事件应急体系建设规划**

县级以上人民政府应当将突发事件应对工作纳入国民经济和社会发展规划。县级以上人民政府有关部门应当制定突发事件应急体系建设规划。

◆ **第三十条　国土空间规划等规划**

国土空间规划等规划应当符合预防、处置突发事件的需要，统筹安排突发事件应对工作所必需的设备和基础设施建设，合理确定应急避难、封闭隔离、紧急医疗救治等场所，实现日常使用和应急使用的相互转换。

📄 **实用问答**

如何编制国土空间规划？

答：根据《土地管理法》第 18 条的规定，国家建立国土空间规划体系。编制国土空间规划应当坚持生态优先，绿色、可持续发展，科学有序统筹安排生态、农业、城镇等功能空间，优化国土空间结构和布局，提升国土空间开发、保护的质量和效率。

经依法批准的国土空间规划是各类开发、保护、建设活动的基本依据。已经编制国土空间规划的，不再编制土地利用总体规划和城乡规划。

◆ **第三十一条 应急避难场所的建设和管理**

国务院应急管理部门会同卫生健康、自然资源、住房城乡建设等部门统筹、指导全国应急避难场所的建设和管理工作，建立健全应急避难场所标准体系。县级以上地方人民政府负责本行政区域内应急避难场所的规划、建设和管理工作。

✏️ **名词解释**

应急避难场所，是指新建、改造和指定的用于应急避难人员安置的具有一定生活服务保障功能的安全场所。

📄 **实用问答**

应急避难场所应完善哪些无障碍服务功能？

答：根据《无障碍环境建设法》第 47 条的规定，应急避难场所的管理人在制定以及实施工作预案时，应当考虑残疾人、老年人的无障碍需求，视情况设置语音、大字、闪光等提示装置，完善无障碍服务功能。

◆ **第三十二条　突发事件风险评估**

国家建立健全突发事件风险评估体系，对可能发生的突发事件进行综合性评估，有针对性地采取有效防范措施，减少突发事件的发生，最大限度减轻突发事件的影响。

实用问答

县级以上地方人民政府怎样建立气象灾害数据库和划定气象灾害风险区域？

答：根据《气象灾害防御条例》第10条的规定，县级以上地方人民政府应当组织气象等有关部门对本行政区域内发生的气象灾害的种类、次数、强度和造成的损失等情况开展气象灾害普查，建立气象灾害数据库，按照气象灾害的种类进行气象灾害风险评估，并根据气象灾害分布情况和气象灾害风险评估结果，划定气象灾害风险区域。

◆ **第三十三条　危险源、危险区域的治理职责**

县级人民政府应当对本行政区域内容易引发自然灾害、事故灾难和公共卫生事件的危险源、危险区域进行调查、登记、风险评估，定期进行检查、监控，并责令有关单位采取安全防范措施。

省级和设区的市级人民政府应当对本行政区域内容易引发特别重大、重大突发事件的危险源、危险区域进行调查、登记、风险评估，组织进行检查、监控，并责令有关单位采取安全防范措施。

县级以上地方人民政府应当根据情况变化,及时调整危险源、危险区域的登记。登记的危险源、危险区域及其基础信息,应当按照国家有关规定接入突发事件信息系统,并及时向社会公布。

实用问答

生产经营单位的安全生产管理机构以及安全生产管理人员应当履行哪些职责?

答: 根据《安全生产法》第 25 条第 1 款的规定,生产经营单位的安全生产管理机构以及安全生产管理人员履行下列职责:(1)组织或者参与拟订本单位安全生产规章制度、操作规程和生产安全事故应急救援预案;(2)组织或者参与本单位安全生产教育和培训,如实记录安全生产教育和培训情况;(3)组织开展危险源辨识和评估,督促落实本单位重大危险源的安全管理措施;(4)组织或者参与本单位应急救援演练;(5)检查本单位的安全生产状况,及时排查生产安全事故隐患,提出改进安全生产管理的建议;(6)制止和纠正违章指挥、强令冒险作业、违反操作规程的行为;(7)督促落实本单位安全生产整改措施。

◆ **第三十四条 及时调解处理矛盾纠纷**

县级人民政府及其有关部门、乡级人民政府、街道办事处、居民委员会、村民委员会应当及时调解处理可能引发社会安全事件的矛盾纠纷。

◆ **第三十五条　安全管理制度**

所有单位应当建立健全安全管理制度，定期开展危险源辨识评估，制定安全防范措施；定期检查本单位各项安全防范措施的落实情况，及时消除事故隐患；掌握并及时处理本单位存在的可能引发社会安全事件的问题，防止矛盾激化和事态扩大；对本单位可能发生的突发事件和采取安全防范措施的情况，应当按照规定及时向所在地人民政府或者有关部门报告。

实用问答

如何确保生产、经营、运输、储存、使用危险物品或者处置废弃危险物品过程安全？

答：根据《安全生产法》第 39 条的规定，生产、经营、运输、储存、使用危险物品或者处置废弃危险物品的，由有关主管部门依照有关法律、法规的规定和国家标准或者行业标准审批并实施监督管理。生产经营单位生产、经营、运输、储存、使用危险物品或者处置废弃危险物品，必须执行有关法律、法规和国家标准或者行业标准，建立专门的安全管理制度，采取可靠的安全措施，接受有关主管部门依法实施的监督管理。

◆ **第三十六条　高危行业单位预防突发事件的义务**

矿山、金属冶炼、建筑施工单位和易燃易爆物品、危险化学品、放射性物品等危险物品的生产、经营、运输、储存、使用单位，应当制定具体应急预案，配备必要的应急救援器材、设备和物资，并对生产经营场所、有危险物品的建筑物、构筑物及周边环境开展隐患排查，及时采取措施管控风险和消除隐患，防止发生突发事件。

实用问答

1. 危险物品的生产、经营、储存单位以及矿山、金属冶炼、城市轨道交通运营、建筑施工单位应当怎样承担预防突发事件的义务？

答：根据《安全生产法》第 82 条的规定，危险物品的生产、经营、储存单位以及矿山、金属冶炼、城市轨道交通运营、建筑施工单位应当建立应急救援组织；生产经营规模较小的，可以不建立应急救援组织，但应当指定兼职的应急救援人员。

危险物品的生产、经营、储存、运输单位以及矿山、金属冶炼、城市轨道交通运营、建筑施工单位应当配备必要的应急救援器材、设备和物资，并进行经常性维护、保养，保证正常运转。

2. 消防救援机构在消防监督检查中发现火灾隐患后应当对有关单位或者个人采取什么措施？

答：根据《消防法》第 54 条的规定，消防救援机构在消防监督检查中发现火灾隐患的，应当通知有关单位或者个人立即采取措施消除隐患；不及时消除隐患可能严重威胁公共安全的，消防救援机构应当依照规定对危险部位或者场所采取临时查封措施。

◆ **第三十七条** 人员密集场所的经营单位或者管理单位的预防义务

公共交通工具、公共场所和其他人员密集场所的经营单位或者管理单位应当制定具体应急预案，为交通工具和有关场所配备报警装置和必要的应急救援设备、设施，注明其使用方法，并显著标明安全撤离的通道、路线，保证安全通道、出口的畅通。

有关单位应当定期检测、维护其报警装置和应急救援设备、设施，使其处于良好状态，确保正常使用。

📝 名词解释

公共交通工具，是指主要从事旅客运输的各种交通工具，包括各种公共汽车、大、中型出租车、火车、船只、飞机，等等。

📄 实用问答

人员密集场所室内装修、装饰的材料如何选择？

答：根据《消防法》第26条第2款的规定，人员密集场所室内装修、装饰，应当按照消防技术标准的要求，使用不燃、难燃材料。

◆ 第三十八条　培训制度

县级以上人民政府应当建立健全突发事件应对管理培训制度，对人民政府及其有关部门负有突发事件应对管理职责的工作人员以及居民委员会、村民委员会有关人员定期进行培训。

📄 实用问答

各机关单位应如何做好消防宣传教育工作？

答：根据《消防法》第6条的规定，各级人民政府应当组织开展经常性的消防宣传教育，提高公民的消防安全意识。机关、团体、企业、事业等单位，应当加强对本单位人员的消防宣传教育。应急管理部门及消防救援机构应当加强消防法律、法规的宣传，并督促、指导、协助有关单位做好消防宣传教育工作。教育、人力资源行政主管部门和学校、有关职业培训机构应当将消防知识纳入教育、教学、培训的内容。新闻、广播、电视等有关单位，应当有针对性地面向社会进行消防宣传教育。工会、共产主义青年团、妇女联合会等团体应当结合各自工作对象的特点，组织开展消防宣传教育。村民委员会、居民委员会应当协助人民政府以及公安机关、应急管理等部门，加强消防宣传教育。

◆ **第三十九条　应急救援队伍建设**

国家综合性消防救援队伍是应急救援的综合性常备骨干力量，按照国家有关规定执行综合应急救援任务。县级以上人民政府有关部门可以根据实际需要设立专业应急救援队伍。

县级以上人民政府及其有关部门可以建立由成年志愿者组成的应急救援队伍。乡级人民政府、街道办事处和有条件的居民委员会、村民委员会可以建立基层应急救援队伍，及时、就近开展应急救援。单位应当建立由本单位职工组成的专职或者兼职应急救援队伍。

国家鼓励和支持社会力量建立提供社会化应急救援服务的应急救援队伍。社会力量建立的应急救援队伍参与突发事件应对工作应当服从履行统一领导职责或者组织处置突发事件的人民政府、突发事件应急指挥机构的统一指挥。

县级以上人民政府应当推动专业应急救援队伍与非专业应急救援队伍联合培训、联合演练，提高合成应急、协同应急的能力。

实用问答

地方各级人民政府如何做好森林火灾的预防、扑救和处置工作？

答：根据《森林法》第 34 条第 1 款的规定，地方各级人民政府负责本行政区域的森林防火工作，发挥群防作用；县级以上人民政府组织领导应急管理、林业、公安等部门按照职责分工密切配合做好森林火灾的科学预防、扑救和处置工作：（1）组织开展森林防火宣传活动，普及森林防火知识；（2）划定森林防火区，规定森林防火期；（3）设置防火设施，配备防灭火装备和物资；（4）建立森林火灾监测预警体系，及时消除隐患；（5）制定森林火灾应急预案，一旦发生森林火灾，立即组织扑救；（6）保障预防和扑救森林火灾所需费用。

◆ 第四十条 应急救援人员人身保险与职业资格

地方各级人民政府、县级以上人民政府有关部门、有关单位应当为其组建的应急救援队伍购买人身意外伤害保险，配备必要的防护装备和器材，防范和减少应急救援人员的人身伤害风险。

专业应急救援人员应当具备相应的身体条件、专业技能和心理素质，取得国家规定的应急救援职业资格，具体办法由国务院应急管理部门会同国务院有关部门制定。

名词解释

应急救援人员，是指从事突发事件的预防与应急准备，受灾人员和公私财产救助，组织自救、互救及救援善后工作的人员。

◆ **第四十一条　军队和民兵组织开展专门训练**

中国人民解放军、中国人民武装警察部队和民兵组织应当有计划地组织开展<u>应急救援的专门训练</u>。

实用问答

1. 国防动员实施预案与突发事件应急处置预案应当在哪些方面相互衔接?

答：根据《国防动员法》第 16 条第 2 款的规定，国防动员实施预案与突发事件应急处置预案应当在指挥、力量使用、信息和保障等方面相互衔接。

2. 战争灾害发生时，人民政府如何启动应急救助机制?

答：根据《国防动员法》第 47 条的规定，战争灾害发生时，当地人民政府应当迅速启动应急救助机制，组织力量抢救伤员、安置灾民、保护财产，尽快消除战争灾害后果，恢复正常生产生活秩序。遭受战争灾害的人员和组织应当及时采取自救、互救措施，减少战争灾害造成的损失。

◆ **第四十二条　应急知识宣传普及和应急演练**

县级人民政府及其有关部门、乡级人民政府、街道办事处应当组织开展面向社会公众的<u>应急知识宣传普及</u>活动和<u>必要的应急演练</u>。

居民委员会、村民委员会、企业事业单位、社会组织应当根据所在地人民政府的要求，结合各自的实际情况，开展面向居民、村民、职工等的<u>应急知识宣传普及</u>活动和必要的<u>应急演练</u>。

◆ **第四十三条　学校开展应急知识教育**

各级各类学校应当把应急教育纳入教育教学计划，对学生及教职工开展应急知识教育和应急演练，培养安全意识，提高自救与互救能力。

教育主管部门应当对学校开展应急教育进行指导和监督，应急管理等部门应当给予支持。

实用问答

中小学校、幼儿园应如何开展消防安全培训？

答：根据《中小学校、幼儿园消防安全十项规定》第8条的规定，中小学校、幼儿园应定期开展教职工、安保人员消防安全培训。宿舍管理员应接受专题消防安全培训，必须具备火灾报警、扑救初起火灾和组织学生儿童疏散逃生的能力。中小学校、幼儿园应当结合学生、儿童的年龄和认知特点，组织开展以用火、用电、火灾报警和逃生自救为主的消防安全培训教育，使其掌握必要的消防安全常识。

◆ **第四十四条　经费保障**

各级人民政府应当将突发事件应对工作所需经费纳入本级预算，并加强资金管理，提高资金使用绩效。

◆ **第四十五条　国家应急物资储备保障**

国家按照集中管理、统一调拨、平时服务、灾时应急、采储结合、节约高效的原则，建立健全应急物资储备保障制度，动态更新应急物资储备品种目录，完善重要应急物资的监管、生产、采购、储备、调拨和紧急配送体系，促进安全应急产业发展，优化产业布局。

国家储备物资品种目录、总体发展规划，由国务院发展改革部门会同国务院有关部门拟订。国务院应急管理等部门依据职责制定应急物资储备规划、品种目录，并组织实施。应急物资储备规划应当纳入国家储备总体发展规划。

◆ **第四十六条 地方应急物资储备保障**

设区的市级以上人民政府和突发事件易发、多发地区的县级人民政府应当建立应急救援物资、生活必需品和应急处置装备的储备保障制度。

县级以上地方人民政府应当根据本地区的实际情况和突发事件应对工作的需要，依法与有条件的企业签订协议，保障应急救援物资、生活必需品和应急处置装备的生产、供给。有关企业应当根据协议，按照县级以上地方人民政府要求，进行应急救援物资、生活必需品和应急处置装备的生产、供给，并确保符合国家有关产品质量的标准和要求。

国家鼓励公民、法人和其他组织储备基本的应急自救物资和生活必需品。有关部门可以向社会公布相关物资、物品的储备指南和建议清单。

实用问答

如何理解我国的自然灾害救助物资储备制度？

答：根据《自然灾害救助条例》第 10 条的规定，国家建立自然灾害救助物资储备制度，由国务院应急管理部门分别会同国务院财政部门、发展改革部门、工业和信息化部门、粮食和物资储备部门制定全国自然灾害救助物资储备规划和储备库规划，并组织实施。其中，由国务院粮食和物资储备部门会同相关部门制定中央救灾物资储备库规划，并组织实施。

设区的市级以上人民政府和自然灾害多发、易发地区的县级人民政府应当根据自然灾害特点、居民人口数量和分布等情况，按照布局合理、规模适度的原则，设立自然灾害救助物资储备库。

◆ 第四十七条 应急运输保障

国家建立健全应急运输保障体系，统筹铁路、公路、水运、民航、邮政、快递等运输和服务方式，制定应急运输保障方案，保障应急物资、装备和人员及时运输。

县级以上地方人民政府和有关主管部门应当根据国家应急运输保障方案，结合本地区实际做好应急调度和运力保障，确保运输通道和客货运枢纽畅通。

国家发挥社会力量在应急运输保障中的积极作用。社会力量参与突发事件应急运输保障，应当服从突发事件应急指挥机构的统一指挥。

> 实用问答

客运经营者、货运经营者应当制定哪些道路运输应急预案？道路运输应急预案应当包括哪些内容？

答：根据《道路运输条例》第 31 条的规定，客运经营者、货运经营者应当制定有关交通事故、自然灾害以及其他突发事件的道路运输应急预案。道路运输应急预案应当包括报告程序、应急指挥、应急车辆和设备的储备以及处置措施等内容。

◆ 第四十八条　能源应急保障

国家建立健全能源应急保障体系，提高能源安全保障能力，确保受突发事件影响地区的能源供应。

> 名词解释

能源，是指煤炭、石油、天然气、生物质能和电力、热力以及其他直接或者通过加工、转换而取得有用能的各种资源。

◆ 第四十九条　应急通信保障

国家建立健全应急通信、应急广播保障体系，加强应急通信系统、应急广播系统建设，确保突发事件应对工作的通信、广播安全畅通。

◆ 第五十条　突发事件卫生应急体系

国家建立健全突发事件卫生应急体系，组织开展突发事件中的医疗救治、卫生学调查处置和心理援助等卫生应急工作，有效控制和消除危害。

◆ **第五十一条　急救医疗服务网络**

县级以上人民政府应当加强急救医疗服务网络的建设，配备相应的医疗救治物资、设施设备和人员，提高医疗卫生机构应对各类突发事件的救治能力。

◆ **第五十二条　社会力量支持**

国家鼓励公民、法人和其他组织为突发事件应对工作提供物资、资金、技术支持和捐赠。

接受捐赠的单位应当及时公开接受捐赠的情况和受赠财产的使用、管理情况，接受社会监督。

实用问答

我国有关应急慈善的规定是怎样的？

答：根据《慈善法》第70～74条的规定，发生重大突发事件需要迅速开展救助时，履行统一领导职责或者组织处置突发事件的人民政府应当依法建立协调机制，明确专门机构、人员，提供需求信息，及时有序引导慈善组织、志愿者等社会力量开展募捐和救助活动。

国家鼓励慈善组织、慈善行业组织建立应急机制，加强信息共享、协商合作，提高慈善组织运行和慈善资源使用的效率。在发生重大突发事件时，鼓励慈善组织、志愿者等在有关人民政府的协调引导下依法开展或者参与慈善活动。

为应对重大突发事件开展公开募捐的，应当及时分配或者使用募得款物，在应急处置与救援阶段至少每5日公开一次募得款物的接收情况，及时公开分配、使用情况。

为应对重大突发事件开展公开募捐，无法在募捐活动前办理募捐方案备案的，应当在活动开始后 10 日内补办备案手续。

县级以上人民政府及其有关部门应当为捐赠款物分配送达提供便利条件。乡级人民政府、街道办事处和村民委员会、居民委员会，应当为捐赠款物分配送达、信息统计等提供力所能及的帮助。

◆ 第五十三条　红十字会与慈善组织的职责

红十字会在突发事件中，应当对伤病人员和其他受害者提供紧急救援和人道救助，并协助人民政府开展与其职责相关的其他人道主义服务活动。有关人民政府应当给予红十字会支持和资助，保障其依法参与应对突发事件。

慈善组织在发生重大突发事件时开展募捐和救助活动，应当在有关人民政府的统筹协调、有序引导下依法进行。有关人民政府应当通过提供必要的需求信息、政府购买服务等方式，对慈善组织参与应对突发事件、开展应急慈善活动予以支持。

◆ 第五十四条　应急救援资金、物资的管理

有关单位应当加强应急救援资金、物资的管理，提高使用效率。

任何单位和个人不得截留、挪用、私分或者变相私分应急救援资金、物资。

> 实用问答

救灾捐赠款物的使用范围包括哪些？

答：根据《救灾捐赠管理办法》第 5 条的规定，救灾捐赠款物的使用范围包括：（1）解决灾民衣、食、住、医等生活困难；（2）紧急抢救、转移和安置灾民；（3）灾民倒塌房屋的恢复重建；（4）捐赠人指定的与救灾直接相关的用途；（5）经同级人民政府批准的其他直接用于救灾方面的必要开支。

◆ 第五十五条 国家发展保险事业

国家发展保险事业，建立政府支持、社会力量参与、市场化运作的巨灾风险保险体系，并鼓励单位和个人参加保险。

> 实用问答

保险公司对危险单位的划分方法和巨灾风险安排方案应当报哪个机构备案？

答：根据《保险法》第 104 条的规定，保险公司对危险单位的划分方法和巨灾风险安排方案，应当报国务院保险监督管理机构备案。

◆ 第五十六条 人才培养和科技赋能

国家加强应急管理基础科学、重点行业领域关键核心技术的研究，加强互联网、云计算、大数据、人工智能等现代技术手段在突发事件应对工作中的应用，鼓励、扶持有条件的教学科研机构、企业培养应急管理人才和科技人才，研发、推广新技术、新材料、新设备和新工具，提高突发事件应对能力。

实用问答

国家可以怎样提高防震减灾工作水平？

答：根据《防震减灾法》第 11 条第 1 款的规定，国家鼓励、支持防震减灾的科学技术研究，逐步提高防震减灾科学技术研究经费投入，推广先进的科学研究成果，加强国际合作与交流，提高防震减灾工作水平。

◆ **第五十七条　突发事件专家咨询论证制度**

县级以上人民政府及其有关部门应当建立健全突发事件专家咨询论证制度，发挥专业人员在突发事件应对工作中的作用。

实用问答

煤矿企业存在哪些情形时，应当提请县级以上地方人民政府予以关闭？

答：根据《煤矿安全生产条例》第 70 条第 1 款的规定，煤矿企业存在下列情形之一的，应当提请县级以上地方人民政府予以关闭：（1）未依法取得安全生产许可证等擅自进行生产的；（2）3 个月内两次或者两次以上发现有重大事故隐患仍然进行生产的；（3）经地方人民政府组织的专家论证在现有技术条件下难以有效防治重大灾害的；（4）有《安全生产法》规定的应当提请关闭的其他情形。

典型案例

山东省青岛市黄岛区人民检察院
督促整治燃气安全隐患行政公益诉讼案[①]

要旨 针对液化石油气和管道燃气等安全隐患监督难点，检察机关邀请具备安全生产专业知识的人民监督员全程监督办案并提供专业辅助，加强源头风险防范。

[①] 参见《人民监督员参与和监督检察公益诉讼办案活动典型案例》，载最高人民检察院网 2022 年 12 月 20 日，https：//www.spp.gov.cn/spp/xwfbh/wsfbt/202212/t20221220_595977.shtml#2。

第四章　监测与预警

◆ **第五十八条　突发事件监测制度**

国家建立健全突发事件监测制度。

县级以上人民政府及其有关部门应当根据自然灾害、事故灾难和公共卫生事件的种类和特点，建立健全基础信息数据库，完善监测网络，划分监测区域，确定监测点，明确监测项目，提供必要的设备、设施，配备专职或者兼职人员，对可能发生的突发事件进行监测。

实用问答

1. 如何理解《突发事件应对法》第 58 条中的"基础信息库"？

答：《突发事件应对法》第 58 条中的"基础信息库"，是指应对突发事件所必备的有关危险源、风险隐患、应急资源（物资储备、设备及应急队伍）、应急避难场所（分布、疏散路线和容纳人数等）、应急专家咨询、应急预案、突发事件案例等基础信息的数据库。

2. 如何理解我国的传染病监测制度？

答：根据《传染病防治法》第 17 条的规定，国家建立传染病监测制度。国务院卫生行政部门制定国家传染病监测规划和方案。省、自治区、直辖市人民政府卫生行政部门根据国家传染病监测规划和方案，制定本行政区域的传染病监测计划和工作方案。各级疾病预防控机构对传染病的发生、流行以及影响其发生、流行的因素，进行监测；对国外发生、国内尚未发生的传染病或者国内新发生的传染病，进行监测。

◆ **第五十九条　统一的突发事件信息系统**

国务院建立全国统一的突发事件信息系统。

县级以上地方人民政府应当建立或者确定本地区统一的突发事件信息系统，汇集、储存、分析、传输有关突发事件的信息，并与上级人民政府及其有关部门、下级人民政府及其有关部门、专业机构、监测网点和重点企业的突发事件信息系统实现互联互通，加强跨部门、跨地区的信息共享与情报合作。

实用问答

1. 地震监测台网的管理模式是怎样的？

答：根据《防震减灾法》第 18 条的规定，国家对地震监测台网实行统一规划，分级、分类管理。国务院地震工作主管部门和县级以上地方人民政府负责管理地震工作的部门或者机构，按照国务院有关规定，制定地震监测台网规划。全国地震监测台网由国家级地震监测台网、省级地震监测台网和市、县级地震监测台网组成，其建设资金和运行经费列入财政预算。

2. 县级以上人民政府在气象灾害防御工作中的职责是什么？

答：根据《气象法》第 27 条的规定，县级以上人民政府应当加强气象灾害监测、预警系统建设，组织有关部门编制气象灾害防御规划，并采取有效措施，提高防御气象灾害的能力。有关组织和个人应当服从人民政府的指挥和安排，做好气象灾害防御工作。

◆ 第六十条　信息收集制度

县级以上人民政府及其有关部门、专业机构应当通过多种途径收集突发事件信息。

县级人民政府应当在居民委员会、村民委员会和有关单位建立专职或者兼职信息报告员制度。

公民、法人或者其他组织发现发生突发事件，或者发现可能发生突发事件的异常情况，应当立即向所在地人民政府、有关主管部门或者指定的专业机构报告。接到报告的单位应当按照规定立即核实处理，对于不属于其职责的，应当立即移送相关单位核实处理。

实用问答

1. 如何理解我国气象探测的信息收集制度？

答：根据《气象法》第15、16条的规定，各级气象主管机构所属的气象台站，应当按照国务院气象主管机构的规定，进行气象探测并向有关气象主管机构汇交气象探测资料。未经上级气象主管机构批准，不得中止气象探测。国务院气象主管机构及有关地方气象主管机构应当按照国家规定适时发布基本气象探测资料。

国务院其他有关部门和省、自治区、直辖市人民政府其他有关部门所属的气象台站及其他从事气象探测的组织和个人，应当按照国家有关规定向国务院气象主管机构或者省、自治区、直辖市气象主管机构汇交所获得的气象探测资料。各级气象主管机构应当按照气象资料共享、共用的原则，根据国家有关规定，与其他从事气象工作的机构交换有关气象信息资料。

2. 如何理解我国的地震监测预报的信息收集制度？

答：根据《防震减灾法》第 26 条的规定，国务院地震工作主管部门和县级以上地方人民政府负责管理地震工作的部门或者机构，根据地震监测信息研究结果，对可能发生地震的地点、时间和震级作出预测。其他单位和个人通过研究提出的地震预测意见，应当向所在地或者所预测地的县级以上地方人民政府负责管理地震工作的部门或者机构书面报告，或者直接向国务院地震工作主管部门书面报告。收到书面报告的部门或者机构应当进行登记并出具接收凭证。

◆ 第六十一条　信息报送制度

地方各级人民政府应当按照国家有关规定向上级人民政府报送突发事件信息。县级以上人民政府有关主管部门应当向本级人民政府相关部门通报突发事件信息，并报告上级人民政府主管部门。专业机构、监测网点和信息报告员应当及时向所在地人民政府及其有关主管部门报告突发事件信息。

有关单位和人员报送、报告突发事件信息，应当做到及时、客观、真实，不得迟报、谎报、瞒报、漏报，不得授意他人迟报、谎报、瞒报，不得阻碍他人报告。

实用问答

1. 如何理解我国的传染病疫情信息报送制度？

答：根据《传染病防治法》第 30 条的规定，疾病预防控制机构、医疗机构和采供血机构及其执行职务的人员发现《传染病防治法》规定的传染病疫情或者发现其他传染病暴发、流行以及突发原因不明的传染病时，应当遵循疫情报告属地管理原则，按照国务院规定的或者国务院卫生行政部门规定的内容、程序、方式和时限报告。

军队医疗机构向社会公众提供医疗服务,发现前述规定的传染病疫情时,应当按照国务院卫生行政部门的规定报告。

2. 哪些情形下,省、自治区、直辖市人民政府应当在接到报告1小时内向国务院卫生行政主管部门报告?

答: 根据《突发公共卫生事件应急条例》第19条第3款的规定,有下列情形之一的,省、自治区、直辖市人民政府应当在接到报告1小时内,向国务院卫生行政主管部门报告:(1)发生或者可能发生传染病暴发、流行的;(2)发生或者发现不明原因的群体性疾病的;(3)发生传染病菌种、毒种丢失的;(4)发生或者可能发生重大食物和职业中毒事件的。

◆ **第六十二条 汇总分析突发事件隐患和预警信息**

县级以上地方人民政府应当及时汇总分析突发事件隐患和监测信息,必要时组织相关部门、专业技术人员、专家学者进行会商,对发生突发事件的可能性及其可能造成的影响进行评估;认为可能发生重大或者特别重大突发事件的,应当立即向上级人民政府报告,并向上级人民政府有关部门、当地驻军和可能受到危害的毗邻或者相关地区的人民政府通报,及时采取预防措施。

◆ **第六十三条 突发事件预警制度**

国家建立健全突发事件预警制度。

可以预警的自然灾害、事故灾难和公共卫生事件的预警级别,按照突发事件发生的紧急程度、发展势态和可能造成的危害程度分为一级、二级、三级和四级,分别用红色、橙色、黄色和蓝色标示，一级为最高级别。

预警级别的划分标准由国务院或者国务院确定的部门制定。

名词解释

突发事件预警制度，是指根据有关突发事件的预测信息和风险评估结果，依据突发事件可能造成的危害程度、紧急程度和发展态势，确定相应预警级别，标示预警颜色，并向社会发布相关信息的制度。

实用问答

气候监测工作由哪个机构负责？

答：根据《气象法》第32条的规定，国务院气象主管机构负责全国气候资源的综合调查、区划工作，组织进行气候监测、分析、评价，并对可能引起气候恶化的大气成分进行监测，定期发布全国气候状况公报。

◆ **第六十四条　警报信息发布、报告和通报**

可以预警的自然灾害、事故灾难或者公共卫生事件即将发生或者发生的可能性增大时，县级以上地方人民政府应当根据有关法律、行政法规和国务院规定的权限和程序，发布相应级别的警报，决定并宣布有关地区进入预警期，同时向上一级人民政府报告，必要时可以越级上报；具备条件的，应当进行网络直报或者自动速报；同时向当地驻军和可能受到危害的毗邻或者相关地区的人民政府通报。

发布警报应当明确预警类别、级别、起始时间、可能影响的范围、警示事项、应当采取的措施、发布单位和发布时间等。

实用问答

什么情况下有关县级以上人民政府防汛指挥机构可以宣布进入紧急防汛期？

答：根据《防洪法》第41条第2款的规定，当江河、湖泊的水情接近保证水位或者安全流量，水库水位接近设计洪水位，或者防洪工程设施发生重大险情时，有关县级以上人民政府防汛指挥机构可以宣布进入紧急防汛期。

◆ 第六十五条 预警信息发布要求

国家建立健全突发事件预警发布平台，按照有关规定及时、准确向社会发布突发事件预警信息。

广播、电视、报刊以及网络服务提供者、电信运营商应当按照国家有关规定，建立突发事件预警信息快速发布通道，及时、准确、无偿播发或者刊载突发事件预警信息。

公共场所和其他人员密集场所，应当指定专门人员负责突发事件预警信息接收和传播工作，做好相关设备、设施维护，确保突发事件预警信息及时、准确接收和传播。

◆ 第六十六条 三级、四级预警的应对措施

发布三级、四级警报，宣布进入预警期后，县级以上地方人民政府应当根据即将发生的突发事件的特点和可能造成的危害，采取下列措施：

（一）启动应急预案；

（二）责令有关部门、专业机构、监测网点和负有特定职责的人员及时收集、报告有关信息，向社会公布反映突发事件信息

的渠道，加强对突发事件发生、发展情况的监测、预报和预警工作；

（三）组织有关部门和机构、专业技术人员、有关专家学者，随时对突发事件信息进行分析评估，预测发生突发事件可能性的大小、影响范围和强度以及可能发生的突发事件的级别；

（四）定时向社会发布与公众有关的突发事件预测信息和分析评估结果，并对相关信息的报道工作进行管理；

（五）及时按照有关规定向社会发布可能受到突发事件危害的警告，宣传避免、减轻危害的常识，公布咨询或者求助电话等联络方式和渠道。

◆ **第六十七条　一级、二级预警的应对措施**

发布一级、二级警报，宣布进入预警期后，县级以上地方人民政府除采取本法第六十六条规定的措施外，还应当针对即将发生的突发事件的特点和可能造成的危害，采取下列一项或者多项措施：

（一）责令应急救援队伍、负有特定职责的人员进入待命状态，并动员后备人员做好参加应急救援和处置工作的准备；

（二）调集应急救援所需物资、设备、工具，准备应急设施和应急避难、封闭隔离、紧急医疗救治等场所，并确保其处于良好状态、随时可以投入正常使用；

（三）加强对重点单位、重要部位和重要基础设施的安全保卫，维护社会治安秩序；

（四）采取必要措施，确保交通、通信、供水、排水、供电、供气、供热、医疗卫生、广播电视、气象等公共设施的安全和正常运行；

（五）及时向社会发布有关采取特定措施避免或者减轻危害的建议、劝告；

（六）转移、疏散或者撤离易受突发事件危害的人员并予以妥善安置，转移重要财产；

（七）关闭或者限制使用易受突发事件危害的场所，控制或者限制容易导致危害扩大的公共场所的活动；

（八）法律、法规、规章规定的其他必要的防范性、保护性措施。

实用问答

1. 核事故应急状态分为哪几级？

答：根据《核电厂核事故应急管理条例》第19条的规定，核事故应急状态分为下列四级：（1）应急待命。出现可能导致危及核电厂核安全的某些特定情况或者外部事件，核电厂有关人员进入戒备状态。（2）厂房应急。事故后果仅限于核电厂的局部区域，核电厂人员按照场内核事故应急计划的要求采取核事故应急响应行动，通知厂外有关核事故应急响应组织。（3）场区应急。事故后果蔓延至整个场区，场区内的人员采取核事故应急响应行动，通知省级人民政府指定的部门，某些厂外核事故应急响应组织可能采取核事故应急响应行动。（4）场外应急。事故后果超越场区边界，实施场内和场外核事故应急计划。

2. 当核电厂进入核事故应急状态时，相应部门应当采取哪些措施？

答：根据《核电厂核事故应急管理条例》第20条的规定，当核电厂进入应急待命状态时，核电厂核事故应急机构应当及时向核电厂的上级主管部门和国务院核安全部门报告情况，并视情况决定是否向省级人民政府指定的部门报告。当出现可能或者已经有放射性物质释放的情况时，应当根据情况，及时决定进入厂房应急或者场区应急状态，并迅速向核电厂的上级主管部门、国务院核安全部门和省级人民政府指定的部门报告情况；在放射性物质可能或者已经扩散到核电厂场区以外时，应当迅速向省级人民政府指定的部门提出进入场外应急状态并采取应急防护措施的建议。

省级人民政府指定的部门接到核电厂核事故应急机构的事故情况报告后，应当迅速采取相应的核事故应急对策和应急防护措施，并及时向国务院指定的部门报告情况。需要决定进入场外应急状态时，应当经国务院指定的部门批准；在特殊情况下，省级人民政府指定的部门可以先行决定进入场外应急状态，但是应当立即向国务院指定的部门报告。

◆ **第六十八条 重要商品和服务市场情况监测**

发布警报，宣布进入预警期后，县级以上人民政府应当对<u>重要商品和服务市场情况加强监测</u>，根据实际需要及时<u>保障供应、稳定市场</u>。必要时，国务院和省、自治区、直辖市人民政府可以按照《中华人民共和国价格法》等有关法律规定采取相应措施。

📄 **实用问答**

当重要商品和服务价格显著上涨或者有可能显著上涨时，国务院和省、自治区、直辖市人民政府可以采取哪些措施？

答：根据《价格法》第 30 条的规定，当重要商品和服务价格显著上涨或者有可能显著上涨时，国务院和省、自治区、直辖市人民政府可以对部分价格采取限定差价率或者利润率、规定限价、实行提价申报制度和调价备案制度等干预措施。省、自治区、直辖市人民政府采取前述规定的干预措施,应当报国务院备案。

典型案例

天津市津南区张某等人涉嫌非法经营案[1]

要旨 在疫情防控期间,哄抬疫情防控急需物资或基本民生物品的价格牟取暴利,构成犯罪的,应当以非法经营罪定罪处罚。同时,随着疫情防控形势的变化,也要准确把握刑事政策,统筹考虑稳定市场秩序与恢复市场活力,为复工复产提供司法保障。

◆ **第六十九条 社会安全事件报告制度**

对即将发生或者已经发生的社会安全事件,县级以上地方人民政府及其有关主管部门应当按照规定向上一级人民政府及其有关主管部门报告,必要时可以越级上报,具备条件的,应当进行网络直报或者自动速报。

◆ **第七十条 预警调整与解除**

发布突发事件警报的人民政府应当根据事态的发展,按照有关规定适时调整预警级别并重新发布。

---

[1] 参见《全国检察机关依法办理妨害新冠肺炎疫情防控犯罪典型案例(第四批)》,载最高人民检察院网 2020 年 3 月 4 日,https://www.spp.gov.cn/spp/xwfbh/wsfbt/202003/t20200304_455675.shtml#1。

> 有事实证明不可能发生突发事件或者危险已经解除的，发布警报的人民政府应当立即宣布解除警报，终止预警期，并解除已经采取的有关措施。

实用问答

公众气象预报和灾害性天气警报的发布、补充和订正由哪个部门负责？

答：根据《气象法》第 22 条第 2 款的规定，各级气象主管机构所属的气象台站应当按照职责向社会发布公众气象预报和灾害性天气警报，并根据天气变化情况及时补充或者订正。

第五章　应急处置与救援

◆ **第七十一条　分级应急响应制度**

国家建立健全突发事件应急响应制度。

突发事件的应急响应级别，按照突发事件的性质、特点、可能造成的危害程度和影响范围等因素分为一级、二级、三级和四级，一级为最高级别。

突发事件应急响应级别划分标准由国务院或者国务院确定的部门制定。县级以上人民政府及其有关部门应当在突发事件应急预案中确定应急响应级别。

实用问答

地震应急预案应当包括哪些内容？

答：根据《防震减灾法》第47条第1款的规定，地震应急预案的内容应当包括：组织指挥体系及其职责，预防和预警机制，处置程序，应急响应和应急保障措施等。

◆ **第七十二条　采取应急处置措施的要求**

突发事件发生后，履行统一领导职责或者组织处置突发事件的人民政府应当针对其性质、特点、危害程度和影响范围等，立即启动应急响应，组织有关部门，调动应急救援队伍和社会力量，依照法律、法规、规章和<u>应急预案的规定，采取应急处置措施</u>，并向上级人民政府报告；必要时，可以设立<u>现场指挥部</u>，负责<u>现场应急处置与救援</u>，统一指挥进入突发事件现场的单位和个人。

启动应急响应，<u>应当明确响应事项、级别、预计期限、应急处置措施等</u>。

履行统一领导职责或者组织处置突发事件的人民政府，应当<u>建立协调机制，提供需求信息，引导志愿服务组织和志愿者等社会力量及时有序参与应急处置与救援工作</u>。

实用问答

1. 传染病预防、控制预案应当包括哪些内容？

答：根据《传染病防治法》第 20 条第 2 款的规定，传染病预防、控制预案应当包括以下主要内容：（1）传染病预防控制指挥部的组成和相关部门的职责；（2）传染病的监测、信息收集、分析、报告、通报制度；（3）疾病预防控制机构、医疗机构在发生传染病疫情时的任务与职责；（4）传染病暴发、流行情况的分级以及相应的应急工作方案；（5）传染病预防、疫点疫区现场控制，应急设施、设备、救治药品和医疗器械以及其他物资和技术的储备与调用。

2. 全国突发公共卫生事件应急预案应当包括哪些内容？

答：根据《突发公共卫生事件应急条例》第 11 条的规定，全国突发公共卫生事件应急预案应当包括以下主要内容：（1）突发公共卫生事件应急处理指挥部的组成和相关部门的职责；（2）突发公共卫生事件的监测与预警；（3）突发公共卫生事件信息的收集、分析、报告、通报制度；（4）突发公共卫生事件应急处理技术和监测机构及其任务；(5) 突发公共卫生事件的分级和应急处理工作方案；(6) 突发公共卫生事件预防、现场控制，应急设施、设备、救治药品和医疗器械以及其他物资和技术的储备与调度；(7) 突发公共卫生事件应急处理专业队伍的建设和培训。

3. 自然灾害救助应急预案应当包括哪些内容？

答：根据《自然灾害救助条例》第 8 条第 2 款的规定，自然灾害救助应急预案应当包括下列内容：(1) 自然灾害救助应急组织指挥体系及其职责；(2) 自然灾害救助应急队伍；(3) 自然灾害救助应急资金、物资、设备；(4) 自然灾害的预警预报和灾情信息的报告、处理；(5) 自然灾害救助应急响应的等级和相应措施；(6) 灾后应急救助和居民住房恢复重建措施。

◆ **第七十三条 自然灾害、事故灾难或者公共卫生事件的应急处置措施**

自然灾害、事故灾难或者公共卫生事件发生后，履行统一领导职责的人民政府应当采取下列一项或者多项应急处置措施：

（一）组织营救和救治受害人员，转移、疏散、撤离并妥善安置受到威胁的人员以及采取其他救助措施；

（二）迅速控制危险源，标明危险区域，封锁危险场所，划定警戒区，实行交通管制、限制人员流动、封闭管理以及其他控制措施；

（三）立即抢修被损坏的交通、通信、供水、排水、供电、供气、供热、医疗卫生、广播电视、气象等公共设施，向受到危害的人员提供避难场所和生活必需品，实施医疗救护和卫生防疫以及其他保障措施；

（四）禁止或者限制使用有关设备、设施，关闭或者限制使用有关场所，中止人员密集的活动或者可能导致危害扩大的生产经营活动以及采取其他保护措施；

（五）启用本级人民政府设置的财政预备费和储备的应急救援物资，必要时调用其他急需物资、设备、设施、工具；

（六）组织公民、法人和其他组织参加应急救援和处置工作，要求具有特定专长的人员提供服务；

（七）保障食品、饮用水、药品、燃料等基本生活必需品的供应；

（八）依法从严惩处囤积居奇、哄抬价格、牟取暴利、制假售假等扰乱市场秩序的行为，维护市场秩序；

（九）依法从严惩处哄抢财物、干扰破坏应急处置工作等扰乱社会秩序的行为，维护社会治安；

（十）开展生态环境应急监测，保护集中式饮用水水源地等环境敏感目标，控制和处置污染物；

（十一）采取防止发生次生、衍生事件的必要措施。

实用问答

1. 如何理解《突发事件应对法》第 73 条中的"次生事件""衍生事件"？

答：《突发事件应对法》第 73 条中的"次生事件"，是指在突发事件的灾害链中由原生事件诱导的、第二次生成的、间接造成的事件；"衍生事件"，是指由原生事件派生出来的、第三次生成的、因繁衍变化而发生的一系列事件。

2. 地震灾害发生后，抗震救灾指挥机构应当采取什么措施？

答：根据《防震减灾法》第 50 条的规定，地震灾害发生后，抗震救灾指挥机构应当立即组织有关部门和单位迅速查清受灾情况，提出地震应急救援力量的配置方案，并采取以下紧急措施：（1）迅速组织抢救被压埋人员，并组织有关单位和人员开展自救互救；（2）迅速组织实施紧急医疗救护，协调伤员转移和接收与救治；（3）迅速组织抢修毁损的交通、铁路、水利、电力、通信等基础设施；（4）启用应急避难场所或者设置临时避难场所，设置救济物资供应点，提供救济物品、简易住所和临时住所，及时转移和安置受灾群众，确保饮用水消毒和水质安全，积极开展卫生防疫，妥善安排受灾群众生活；（5）迅速控制危险源，封锁危险场所，做好次生灾害的排查与监测预警工作，防范地震可能引发的火灾、水灾、爆炸、山体滑坡和崩塌、泥石流、地面塌陷，或者剧毒、强腐蚀性、放射性物质大量泄漏等次生灾害以及传染病疫情的发生；（6）依法采取维持社会秩序、维护社会治安的必要措施。

3. 对于自然灾害等突发事件处理增加的支出及其他难以预见的开支，国家财政如何保障？

答：根据《预算法》第 40 条的规定，各级一般公共预算应当按照本级一般公共预算支出额的 1%～3% 设置预备费，用于当年预算执行中的自然灾害等突发事件处理增加的支出及其他难以预见的开支。

4. 医疗机构发现甲类传染病时，应当及时采取哪些措施？

答：根据《传染病防治法》第 39 条第 1 款的规定，医疗机构发现甲类传染病时，应当及时采取下列措施：（1）对病人、病原携带者，予以隔离治疗，隔离期限根据医学检查结果确定；（2）对疑似病人，确诊前在指定场所单独隔离治疗；（3）对医疗机构内的病人、病原携带者、疑似病人的密切接触者，在指定场所进行医学观察和采取其他必要的预防措施。

5. 疾病预防控制机构发现传染病疫情或者接到传染病疫情报告时，应当采取哪些措施？

答：根据《传染病防治法》第40条的规定，疾病预防控制机构发现传染病疫情或者接到传染病疫情报告时，应当及时采取下列措施：（1）对传染病疫情进行流行病学调查，根据调查情况提出划定疫点、疫区的建议，对被污染的场所进行卫生处理，对密切接触者，在指定场所进行医学观察和采取其他必要的预防措施，并向卫生行政部门提出疫情控制方案；（2）传染病暴发、流行时，对疫点、疫区进行卫生处理，向卫生行政部门提出疫情控制方案，并按照卫生行政部门的要求采取措施；（3）指导下级疾病预防控制机构实施传染病预防、控制措施，组织、指导有关单位对传染病疫情的处理。

6. 传染病暴发、流行时，县级以上地方人民政府可以采取哪些措施？

答：根据《传染病防治法》第42条第1款的规定，传染病暴发、流行时，县级以上地方人民政府应当立即组织力量，按照预防、控制预案进行防治，切断传染病的传播途径，必要时，报经上一级人民政府决定，可以采取下列紧急措施并予以公告：（1）限制或者停止集市、影剧院演出或者其他人群聚集的活动；（2）停工、停业、停课；（3）封闭或者封存被传染病病原体污染的公共饮用水源、食品以及相关物品；（4）控制或者扑杀染疫野生动物、家畜家禽；（5）封闭可能造成传染病扩散的场所。

7. 根据突发事件应急处理的需要，突发事件应急处理指挥部有权采取哪些措施？

答：《突发公共卫生事件应急条例》第33条规定，根据突发事件应急处理的需要，突发事件应急处理指挥部有权紧急调集人员、储备的物资、交通工具以及相关设施、设备；必要时，对人员进行疏散或者隔离，并可以依法对传染病疫区实行封锁。

8. 自然灾害发生并达到自然灾害救助应急预案启动条件的，县级以上人民政府或者人民政府的自然灾害救助应急综合协调机构应当采取哪些措施？

答：根据《自然灾害救助条例》第 14 条第 1 款的规定，自然灾害发生并达到自然灾害救助应急预案启动条件的，县级以上人民政府或者人民政府的自然灾害救助应急综合协调机构应当及时启动自然灾害救助应急响应，采取下列一项或者多项措施：（1）立即向社会发布政府应对措施和公众防范措施；（2）紧急转移安置受灾人员；（3）紧急调拨、运输自然灾害救助应急资金和物资，及时向受灾人员提供食品、饮用水、衣被、取暖、临时住所、医疗防疫等应急救助，保障受灾人员基本生活；（4）抚慰受灾人员，处理遇难人员善后事宜；（5）组织受灾人员开展自救互救；（6）分析评估灾情趋势和灾区需求，采取相应的自然灾害救助措施；（7）组织自然灾害救助捐赠活动。

◆ **第七十四条 社会安全事件的应急处置措施**

社会安全事件发生后，组织处置工作的人民政府应当立即启动应急响应，组织有关部门针对事件的性质和特点，依照有关法律、行政法规和国家其他有关规定，采取下列一项或者多项应急处置措施：

（一）强制隔离使用器械相互对抗或者以暴力行为参与冲突的当事人，妥善解决现场纠纷和争端，控制事态发展；

（二）对特定区域内的建筑物、交通工具、设备、设施以及燃料、燃气、电力、水的供应进行控制；

（三）封锁有关场所、道路，查验现场人员的身份证件，限制有关公共场所内的活动；

（四）加强对易受冲击的核心机关和单位的警卫，在国家机关、军事机关、国家通讯社、广播电台、电视台、外国驻华使领馆等单位附近设置临时警戒线；

（五）法律、行政法规和国务院规定的其他必要措施。

实用问答

戒严期间应对戒严地区的哪些单位、场所采取措施、加强警卫？

答： 根据《戒严法》第18条的规定，戒严期间，对戒严地区的下列单位、场所采取措施、加强警卫：（1）首脑机关；（2）军事机关和重要军事设施；（3）外国驻华使领馆、国际组织驻华代表机构和国宾下榻处；（4）广播电台、电视台、国家通讯社等重要新闻单位及其重要设施；（5）与国计民生有重大关系的公用企业和公共设施；（6）机场、火车站和港口；（7）监狱、劳教场所、看守所；（8）其他需要加强警卫的单位和场所。

◆ **第七十五条　突发事件严重影响国民经济正常运行的应急处置措施**

发生突发事件，严重影响国民经济正常运行时，国务院或者国务院授权的有关主管部门可以采取保障、控制等必要的应急措施，保障人民群众的基本生活需要，最大限度地减轻突发事件的影响。

实用问答

如何理解《突发事件应对法》第 75 条中的"严重影响国民经济正常运行"？

答：《突发事件应对法》第 75 条中的"严重影响国民经济正常运行"，是指影响全国或某一局部区域的经济社会秩序稳定，妨碍国民经济正常运转，并对经济社会安全构成危险。

◆ 第七十六条 应急救援征用、协作及帮扶制度

履行统一领导职责或者组织处置突发事件的人民政府及其有关部门，必要时可以向单位和个人征用应急救援所需设备、设施、场地、交通工具和其他物资，请求其他地方人民政府及其有关部门提供人力、物力、财力或者技术支援，要求生产、供应生活必需品和应急救援物资的企业组织生产、保证供给，要求提供医疗、交通等公共服务的组织提供相应的服务。

履行统一领导职责或者组织处置突发事件的人民政府和有关主管部门，应当组织协调运输经营单位，优先运送处置突发事件所需物资、设备、工具、应急救援人员和受到突发事件危害的人员。

履行统一领导职责或者组织处置突发事件的人民政府及其有关部门，应当为受突发事件影响无人照料的无民事行为能力人、限制民事行为能力人提供及时有效帮助；建立健全联系帮扶应急救援人员家庭制度，帮助解决实际困难。

◆ **第七十七条　基层群众性自治组织应急救援职责**

突发事件发生地的居民委员会、村民委员会和其他组织应当按照当地人民政府的决定、命令，进行宣传动员，组织群众开展自救与互救，协助维护社会秩序；情况紧急的，应当立即组织群众开展自救与互救等先期处置工作。

实用问答

1. 接到地质灾害险情报告的人民政府、基层群众自治组织应当采取什么措施？

答：根据《地质灾害防治条例》第29条的规定，接到地质灾害险情报告的当地人民政府、基层群众自治组织应当根据实际情况，及时动员受到地质灾害威胁的居民以及其他人员转移到安全地带；情况紧急时，可以强行组织避灾疏散。

2. 传染病暴发、流行时，街道、乡镇以及居民委员会、村民委员会应当采取什么措施？

答：根据《突发公共卫生事件应急条例》第40条的规定，传染病暴发、流行时，街道、乡镇以及居民委员会、村民委员会应当组织力量，团结协作，群防群治，协助卫生行政主管部门和其他有关部门、医疗卫生机构做好疫情信息的收集和报告、人员的分散隔离、公共卫生措施的落实工作，向居民、村民宣传传染病防治的相关知识。

> ◆ **第七十八条　突发事件发生地有关单位的应急救援职责**
>
> 　　受到自然灾害危害或者发生事故灾难、公共卫生事件的单位，应当立即组织本单位应急救援队伍和工作人员营救受害人员，疏散、撤离、安置受到威胁的人员，控制危险源，标明危险区域，封锁危险场所，并采取其他防止危害扩大的必要措施，同时向所在地县级人民政府报告；对因本单位的问题引发的或者主体是本单位人员的社会安全事件，有关单位应当按照规定上报情况，并迅速派出负责人赶赴现场开展劝解、疏导工作。
> 　　突发事件发生地的其他单位应当服从人民政府发布的决定、命令，配合人民政府采取的应急处置措施，做好本单位的应急救援工作，并积极组织人员参加所在地的应急救援和处置工作。

实用问答

1. 发生矿山事故时矿山企业应当采取哪些措施？

答：根据《矿山安全法》第 36 条的规定，发生矿山事故时，矿山企业必须立即组织抢救，防止事故扩大，减少人员伤亡和财产损失，对伤亡事故必须立即如实报告劳动行政主管部门和管理矿山企业的主管部门。

2. 特种设备事故发生后，事故发生单位应当采取哪些措施？

答：根据《特种设备安全监察条例》第 66 条第 1 款的规定，特种设备事故发生后，事故发生单位应当立即启动事故应急预案，组织抢救，防止事故扩大，减少人员伤亡和财产损失，并及时向事故发生地县以上特种设备安全监督管理部门和有关部门报告。

3. 剧毒化学品、易制爆危险化学品在道路运输途中丢失、被盗、被抢或者出现流散、泄漏等情况的，各部门及相关人员应当采取哪些措施？

答：根据《危险化学品安全管理条例》第 51 条的规定，剧毒化学品、易制爆危险化学品在道路运输途中丢失、被盗、被抢或者出现流散、泄漏等情况的，驾驶人员、押运人员应当立即采取相应的警示措施和安全措施，并向当地公安机关报告。公安机关接到报告后，应当根据实际情况立即向安全生产监督管理部门、环境保护主管部门、卫生主管部门通报。有关部门应当采取必要的应急处置措施。

◆ **第七十九条　突发事件发生地公民的义务**

突发事件发生地的个人应当依法服从人民政府、居民委员会、村民委员会或者所属单位的指挥和安排，配合人民政府采取的应急处置措施，积极参加应急救援工作，协助维护社会秩序。

实用问答

县级以上各级人民政府及其卫生行政主管部门应当对参加突发事件应急处理的人员给予哪些嘉奖？

答：根据《突发公共卫生事件应急条例》第 9 条的规定，县级以上各级人民政府及其卫生行政主管部门，应当对参加突发事件应急处理的医疗卫生人员，给予适当补助和保健津贴；对参加突发事件应急处理作出贡献的人员，给予表彰和奖励；对因参与应急处理工作致病、致残、死亡的人员，按照国家有关规定，给予相应的补助和抚恤。

◆ **第八十条　加强城乡社区应急机制和信息功能**

国家支持城乡社区组织健全应急工作机制，强化城乡社区综合服务设施和信息平台应急功能，加强与突发事件信息系统数据共享，增强突发事件应急处置中保障群众基本生活和服务群众能力。

◆ **第八十一条　心理健康服务工作**

国家采取措施，加强心理健康服务体系和人才队伍建设，支持引导心理健康服务人员和社会工作者对受突发事件影响的各类人群开展心理健康教育、心理评估、心理疏导、心理危机干预、心理行为问题诊治等心理援助工作。

◆ **第八十二条　科学规范处置遗体及妥善管理遗物**

对于突发事件遇难人员的遗体，应当按照法律和国家有关规定，科学规范处置，加强卫生防疫，维护逝者尊严。对于逝者的遗物应当妥善保管。

实用问答

1. 遗体处理必须遵守哪些规定？

答：根据《殡葬管理条例》第13条的规定，遗体处理必须遵守下列规定：（1）运输遗体必须进行必要的技术处理，确保卫生，防止污染环境；（2）火化遗体必须凭公安机关或者国务院卫生行政部门规定的医疗机构出具的死亡证明。

2. 重大突发事件遇难人员遗体应当如何处置？

答：根据《重大突发事件遇难人员遗体处置工作规程》第 9 条的规定，重大突发事件遇难人员遗体处置一般按照就近就便的原则，由事发地殡仪服务机构承担。遇难人员多、事发地殡仪服务机构无法独立承担遗体处置任务时，民政部门可协调一个或数个邻近的殡仪服务机构予以分担。在异地转移救治过程中死亡的遇难人员，由救治地县级人民政府民政部门指定当地的殡仪服务机构负责遗体处置工作。

3. 对于患传染病死亡的遇难人员遗体，殡仪服务机构应当如何处置？

答：根据《重大突发事件遇难人员遗体处置工作规程》第 12 条的规定，对于患传染病死亡的遇难人员遗体，殡仪服务机构应当设立临时的殡仪服务专用通道，与非患传染病死亡的遗体隔离处置，为相关管理服务人员配备防护设备并进行安全培训。

4. 如何确认重大突发事件遇难人员遗体身份？

答：根据《重大突发事件遇难人员遗体处置工作规程》第 23 条的规定，遗体身份确认应当按照遗体处置协调机构或者民政等有关部门的统一安排进行。有条件的，先进行照片辨认，再进行遗体确认；直接进行遗体身份确认的，应当采取单具遗体依次辨认的方式。

5. 重大突发事件遇难人员遗物认领工作如何进行？

答：根据《重大突发事件遇难人员遗体处置工作规程》第 37 条的规定，遇难人员遗物认领工作由遗体处置协调机构或者民政等有关部门统筹安排，制定遗物整理清点、登记造册、组织认领、移交以及无人认领遗物处理等相关程序和办法，并组织实施。

6. 认领人如何认领重大突发事件遇难人员遗物？

答：根据《重大突发事件遇难人员遗体处置工作规程》第 38 条的规定，认领人应当凭有效身份证件认领遗物，填写遗物认领登记表，注明与遇难人员的关系、认领时间、地点、见证人以及遗物件数、种类和特征等，并拍照留存，必要时可通过司法公证认领。

7. 重大突发事件遇难人员遗物无身份标识且与遗属描述基本特征不相吻合的，应当如何处理？

答：根据《重大突发事件遇难人员遗体处置工作规程》第 39 条的规定，对于无身份标识且与遗属描述基本特征不相吻合的遗物，应当按照遗体处置协调机构或者民政等有关部门研究确定的分类处理办法处理。

◆ **第八十三条　信息的提供以及保密**

县级以上人民政府及其有关部门根据突发事件应对工作需要，在履行法定职责所必需的范围和限度内，可以要求公民、法人和其他组织提供应急处置与救援需要的信息。公民、法人和其他组织应当予以提供，法律另有规定的除外。县级以上人民政府及其有关部门对获取的相关信息，应当严格保密，并依法保护公民的通信自由和通信秘密。

◆ **第八十四条　合法收集和保护个人信息**

在突发事件应急处置中，有关单位和个人因依照本法规定配合突发事件应对工作或者履行相关义务，需要获取他人个人信息的，应当依照法律规定的程序和方式取得并确保信息安全，不得非法收集、使用、加工、传输他人个人信息,不得非法买卖、提供或者公开他人个人信息。

📝 名词解释

个人信息,指的是以电子或其他方式记录的与已识别或者可识别的自然人有关的各种信息。

📄 实用问答

处理个人信息的注意事项有哪些?

答:根据《民法典》第 1035 条第 1 款的规定,处理个人信息的,应当遵循合法、正当、必要原则,不得过度处理,并符合下列条件:(1)征得该自然人或者其监护人同意,但是法律、行政法规另有规定的除外;(2)公开处理信息的规则;(3)明示处理信息的目的、方式和范围;(4)不违反法律、行政法规的规定和双方的约定。

◆ **第八十五条 个人信息合理使用和处理**

因依法履行突发事件应对工作职责或者义务获取的个人信息,只能用于突发事件应对,并在突发事件应对工作结束后予以销毁。确因依法作为证据使用或者调查评估需要留存或者延期销毁的,应当按照规定进行合法性、必要性、安全性评估,并采取相应保护和处理措施,严格依法使用。

实用问答

哪些情形下个人信息处理者应当主动删除个人信息?

答:根据《个人信息保护法》第47条第1款的规定,有下列情形之一的,个人信息处理者应当主动删除个人信息;个人信息处理者未删除的,个人有权请求删除:(1)处理目的已实现、无法实现或者为实现处理目的不再必要;(2)个人信息处理者停止提供产品或者服务,或者保存期限已届满;(3)个人撤回同意;(4)个人信息处理者违反法律、行政法规或者违反约定处理个人信息;(5)法律、行政法规规定的其他情形。

第六章　事后恢复与重建

◆ **第八十六条　应急处置措施的停止**

突发事件的威胁和危害得到控制或者消除后,履行统一领导职责或者组织处置突发事件的人民政府应当宣布解除应急响应,停止执行依照本法规定采取的应急处置措施,同时采取或者继续实施必要措施,防止发生自然灾害、事故灾难、公共卫生事件的次生、衍生事件或者重新引发社会安全事件,组织受影响地区尽快恢复社会秩序。

◆ **第八十七条　损失评估和组织恢复重建**

突发事件应急处置工作结束后,履行统一领导职责的人民政府应当立即组织对突发事件造成的影响和损失进行调查评估,制定恢复重建计划,并向上一级人民政府报告。

受突发事件影响地区的人民政府应当及时组织和协调应急管理、卫生健康、公安、交通、铁路、民航、邮政、电信、建设、生态环境、水利、能源、广播电视等有关部门恢复社会秩序,尽快修复被损坏的交通、通信、供水、排水、供电、供气、供热、医疗卫生、水利、广播电视等公共设施。

◆ **第八十八条　支援恢复重建**

受突发事件影响地区的人民政府开展恢复重建工作需要上一

级人民政府支持的，可以向上一级人民政府提出请求。上一级人民政府应当根据受影响地区遭受的损失和实际情况，<u>提供资金、物资支持和技术指导，组织协调其他地区和有关方面提供资金、物资和人力支援</u>。

实用问答

1. 如何理解《突发事件应对法》第 88 条中的"受突发事件影响地区"？

答：《突发事件应对法》第 88 条中的"受突发事件影响地区"，是指突发事件发生地以及其他受突发事件影响的毗邻或者相关地区。

2. 自然灾害危险消除后，受灾地区人民政府及其应急管理等部门应当如何实现居民住房恢复重建？

答：根据《自然灾害救助条例》第 19 条的规定，自然灾害危险消除后，受灾地区人民政府应当统筹研究制订居民住房恢复重建规划和优惠政策，组织重建或者修缮因灾损毁的居民住房，对恢复重建确有困难的家庭予以重点帮扶。居民住房恢复重建应当因地制宜、经济实用，确保房屋建设质量符合防灾减灾要求。受灾地区人民政府应急管理等部门应当向经审核确认的居民住房恢复重建补助对象发放补助资金和物资，住房城乡建设等部门应当为受灾人员重建或者修缮因灾损毁的居民住房提供必要的技术支持。

3. 遭受特大洪涝灾害地区的抗洪抢险和水毁防洪工程修复的资金来源是什么？

答：根据《防洪法》第 50 条的规定，中央财政应当安排资金，用于国家确定的重要江河、湖泊的堤坝遭受特大洪涝灾害时的抗洪抢险和水毁防洪工程修复。省、自治区、直辖市人民政府应当在本级财政预算中安排资金，用于本行政区域内遭受特大洪涝灾害地区的抗洪抢险和水毁防洪工程修复。

◆ **第八十九条　善后工作**

国务院根据受突发事件影响地区遭受损失的情况，制定扶持该地区有关行业发展的优惠政策。

受突发事件影响地区的人民政府应当根据本地区遭受的损失和采取应急处置措施的情况，制定救助、补偿、抚慰、抚恤、安置等善后工作计划并组织实施，妥善解决因处置突发事件引发的矛盾纠纷。

实用问答

什么是地震灾后恢复重建基金？

答：根据《汶川地震灾后恢复重建条例》第54条的规定，国家根据地震的强度和损失的实际情况等因素建立地震灾后恢复重建基金，专项用于地震灾后恢复重建。地震灾后恢复重建基金由预算资金以及其他财政资金构成。地震灾后恢复重建基金筹集使用管理办法，由国务院财政部门制定。

◆ **第九十条　公民参加应急工作的权益保障**

公民参加应急救援工作或者协助维护社会秩序期间，其所在单位应当保证其工资待遇和福利不变，并可以按照规定给予相应补助。

◆ 第九十一条　落实保障政策

县级以上人民政府对在应急救援工作中伤亡的人员依法落实工伤待遇、抚恤或者其他保障政策，并组织做好应急救援工作中致病人员的医疗救治工作。

◆ 第九十二条　查明原因并总结经验教训

履行统一领导职责的人民政府在突发事件应对工作结束后，应当及时查明突发事件的发生经过和原因，总结突发事件应急处置工作的经验教训，制定改进措施，并向上一级人民政府提出报告。

实用问答

1. 一般矿山事故、重大矿山事故分别由谁负责调查和处理？

答：根据《矿山安全法》第37条的规定，一般矿山事故，由矿山企业负责调查和处理。重大矿山事故，由政府及其有关部门、工会和矿山企业按照行政法规的规定进行调查和处理。

2. 生产安全事故调查报告应当包括哪些内容？

答：根据《生产安全事故报告和调查处理条例》第30条第1款的规定，生产安全事故调查报告应当包括下列内容：（1）生产安全事故发生单位概况；（2）生产安全事故发生经过和生产安全事故救援情况；（3）生产安全事故造成的人员伤亡和直接经济损失；（4）生产安全事故发生的原因和生产安全事故性质；（5）生产安全事故责任的认定以及对生产安全事故责任者的处理建议；（6）生产安全事故防范和整改措施。

3. 铁路交通事故的调查期限有何规定？

答： 根据《铁路交通事故应急救援和调查处理条例》第 27 条第 1 款的规定，特别重大铁路交通事故的调查期限为 60 日；重大铁路交通事故的调查期限为 30 日；较大铁路交通事故的调查期限为 20 日；一般铁路交通事故的调查期限为 10 日。

4. 铁路交通事故报告应当包括哪些内容？

答： 根据《铁路交通事故应急救援和调查处理条例》第 16 条第 1 款的规定，铁路交通事故报告应当包括下列内容：（1）铁路交通事故发生的时间、地点、区间（线名、公里、米）、铁路交通事故相关单位和人员；（2）发生铁路交通事故的列车种类、车次、部位、计长、机车型号、牵引辆数、吨数；（3）承运旅客人数或者货物品名、装载情况；（4）人员伤亡情况，机车车辆、线路设施、道路车辆的损坏情况，对铁路行车的影响情况；（5）铁路交通事故原因的初步判断；（6）铁路交通事故发生后采取的措施及铁路交通事故控制情况；（7）具体救援请求。

◆ **第九十三条　审计监督**

突发事件应对工作中有关资金、物资的筹集、管理、分配、拨付和使用等情况，应当依法接受审计机关的审计监督。

◆ **第九十四条　档案管理**

国家档案主管部门应当建立健全突发事件应对工作相关档案收集、整理、保护、利用工作机制。突发事件应对工作中形成的材料，应当按照国家规定归档，并向相关档案馆移交。

实用问答

突发事件档案应当按照哪些要求确定全宗设置？

答：根据《重大活动和突发事件档案管理办法》第18条第1款的规定，突发事件档案按照下列要求确定全宗设置：（1）责任部门为一个单位的，形成的档案纳入本单位档案全宗进行管理。（2）责任部门分为主办单位、协办单位的，形成的档案纳入主办单位档案全宗进行管理。存在多个主办单位或者分主办、承办单位的，形成的档案纳入承担活动主要工作的单位全宗进行管理或者协商确定。（3）责任部门为多个单位不分主次、联合开展工作的，形成的档案分别纳入各单位全宗进行管理。（4）责任部门为临时机构的，形成的档案纳入新设全宗或临时机构的主管单位全宗进行管理。

第七章　法 律 责 任

◆ **第九十五条　政府及有关部门不正确履行法定职责的法律责任**

地方各级人民政府和县级以上人民政府有关部门违反本法规定，不履行或者不正确履行法定职责的，由其上级行政机关责令改正；有下列情形之一，由有关机关综合考虑突发事件发生的原因、后果、应对处置情况、行为人过错等因素，对负有责任的领导人员和直接责任人员依法给予处分：

（一）未按照规定采取预防措施，导致发生突发事件，或者未采取必要的防范措施，导致发生次生、衍生事件的；

（二）迟报、谎报、瞒报、漏报或者授意他人迟报、谎报、瞒报以及阻碍他人报告有关突发事件的信息，或者通报、报送、公布虚假信息，造成后果的；

（三）未按照规定及时发布突发事件警报、采取预警期的措施，导致损害发生的；

（四）未按照规定及时采取措施处置突发事件或者处置不当，造成后果的；

（五）违反法律规定采取应对措施，侵犯公民生命健康权益的；

（六）不服从上级人民政府对突发事件应急处置工作的统一领导、指挥和协调的；

（七）未及时组织开展生产自救、恢复重建等善后工作的；

（八）截留、挪用、私分或者变相私分应急救援资金、物资的；

（九）不及时归还征用的单位和个人的财产，或者对被征用财产的单位和个人不按照规定给予补偿的。

实用问答

1. 侵占、截留、挪用地震应急救援、地震灾后过渡性安置或者地震灾后恢复重建的资金、物资的，应当承担什么法律责任？

答：根据《防震减灾法》第90条的规定，侵占、截留、挪用地震应急救援、地震灾后过渡性安置或者地震灾后恢复重建的资金、物资的，由财政部门、审计机关在各自职责范围内，责令改正，追回被侵占、截留、挪用的资金、物资；有违法所得的，没收违法所得；对单位给予警告或者通报批评；对直接负责的主管人员和其他直接责任人员，依法给予处分。

2. 各级气象主管机构及其所属气象台站的工作人员由于玩忽职守，导致发生重大事故的，应当承担什么法律责任？

答：根据《气象法》第40条的规定，各级气象主管机构及其所属气象台站的工作人员由于玩忽职守，导致重大漏报、错报公众气象预报、灾害性天气警报，以及丢失或者毁坏原始气象探测资料、伪造气象资料等事故的，依法给予行政处分；致使国家利益和人民生命财产遭受重大损失，构成犯罪的，依法追究刑事责任。

3. 住房和城乡建设主管部门、消防救援机构的工作人员有哪些行为时，应受到处分？

答：根据《消防法》第71条第1款的规定，住房和城乡建设主管部门、消防救援机构的工作人员滥用职权、玩忽职守、徇私舞弊，有下列行为之一，尚不构成犯罪的，依法给予处分：（1）对不符合消防安全要求的消防设计文件、建设工程、场所准予审查合格、消防验收合格、消防安全检查合格的；（2）无故拖延消防设计审查、消防验收、消防安全检查，不在法定期限内履行职责的；（3）发现火灾隐患不及时通知有关单位或者个人整改的；（4）利用职务为用户、建设单位指定或者变相指定消防产品的品牌、销售单位或者消防技术服务机构、消防设施施工单位的；（5）将消防车、消防艇以及消防器材、装备和设施用于与消防和应急救援无关的事项的；（6）其他滥用职权、玩忽职守、徇私舞弊的行为。

4. 在防洪工作中，国家工作人员哪些行为会被追究法律责任？

答：根据《防洪法》第64条的规定，防洪工作中，国家工作人员有下列行为之一，构成犯罪的，依法追究刑事责任；尚不构成犯罪的，给予行政处分：（1）违反《防洪法》第17条、第19条、第22条第2款、第22条第3款、第27条或者第34条规定，严重影响防洪的；（2）滥用职权，玩忽职守，徇私舞弊，致使防汛抗洪工作遭受重大损失的；（3）拒不执行防御洪水方案、防汛抢险指令或者蓄滞洪方案、措施、汛期调度运用计划等防汛调度方案的；（4）违反《防洪法》规定，导致或者加重毗邻地区或者其他单位洪灾损失的。

5. 承担安全评价、认证、检测、检验职责的机构及其直接责任人员不正确履行法定职责的法律责任是什么？

答：根据《安全生产法》第92条的规定，承担安全评价、认证、检测、检验职责的机构出具失实报告的，责令停业整顿，并处3万元以上10万元以下的罚款；给他人造成损害的，依法承担赔偿责任。

承担安全评价、认证、检测、检验职责的机构租借资质、挂靠、出具虚假报告的，没收违法所得；违法所得在 10 万元以上的，并处违法所得 2 倍以上 5 倍以下的罚款，没有违法所得或者违法所得不足 10 万元的，单处或者并处 10 万元以上 20 万元以下的罚款；对其直接负责的主管人员和其他直接责任人员处 5 万元以上 10 万元以下的罚款；给他人造成损害的，与生产经营单位承担连带赔偿责任；构成犯罪的，依照《刑法》有关规定追究刑事责任。

对有前述违法行为的机构及其直接责任人员，吊销其相应资质和资格，5 年内不得从事安全评价、认证、检测、检验等工作；情节严重的，实行终身行业和职业禁入。

6. 地方各级人民政府未履行职责，造成传染病传播、流行或者其他严重后果的，应承担什么法律责任？

答：根据《传染病防治法》第 65 条的规定，地方各级人民政府未依照《传染病防治法》的规定履行报告职责，或者隐瞒、谎报、缓报传染病疫情，或者在传染病暴发、流行时，未及时组织救治、采取控制措施的，由上级人民政府责令改正，通报批评；造成传染病传播、流行或者其他严重后果的，对负有责任的主管人员，依法给予行政处分；构成犯罪的，依法追究刑事责任。

7. 县级以上人民政府卫生行政部门有哪些情形会被追究法律责任？

答：根据《传染病防治法》第 66 条的规定，县级以上人民政府卫生行政部门违反《传染病防治法》的规定，有下列情形之一的，由本级人民政府、上级人民政府卫生行政部门责令改正，通报批评；造成传染病传播、流行或者其他严重后果的，对负有责任的主管人员和其他直接责任人员，依法给予行政处分；构成犯罪的，依法追究刑事责任：（1）未依法履行传染病疫情通报、报告或者公布职责，或者隐瞒、谎报、缓报传染病疫情的；（2）发生或者可能发生传染病传播时未及时采取预防、控制措施的；（3）未依法履行监督检查职责，或者发现违法行为不及时查处的；（4）未及时调查、处理单位和个人对下级卫生行政部门不履行传染病防治职责的举报的；（5）违反《传染病防治法》的其他失职、渎职行为。

8. 县级以上人民政府有关部门未依照《传染病防治法》的规定履行传染病防治和保障职责的，应当承担什么法律责任？

答：根据《传染病防治法》第67条的规定，县级以上人民政府有关部门未依照《传染病防治法》的规定履行传染病防治和保障职责的，由本级人民政府或者上级人民政府有关部门责令改正，通报批评；造成传染病传播、流行或者其他严重后果的，对负有责任的主管人员和其他直接责任人员，依法给予行政处分；构成犯罪的，依法追究刑事责任。

9. 疾病预防控制机构有哪些情形会被追究法律责任？

答：根据《传染病防治法》第68条的规定，疾病预防控制机构违反《传染病防治法》规定，有下列情形之一的，由县级以上人民政府卫生行政部门责令限期改正，通报批评，给予警告；对负有责任的主管人员和其他直接责任人员，依法给予降级、撤职、开除的处分，并可以依法吊销有关责任人员的执业证书；构成犯罪的，依法追究刑事责任：（1）未依法履行传染病监测职责的；（2）未依法履行传染病疫情报告、通报职责，或者隐瞒、谎报、缓报传染病疫情的；（3）未主动收集传染病疫情信息，或者对传染病疫情信息和疫情报告未及时进行分析、调查、核实的；（4）发现传染病疫情时，未依据职责及时采取《传染病防治法》规定的措施的；（5）故意泄露传染病病人、病原携带者、疑似传染病病人、密切接触者涉及个人隐私的有关信息、资料的。

10. 医疗机构有哪些情形会被追究法律责任？

答：根据《传染病防治法》第69条的规定，医疗机构违反该法规定，有下列情形之一的，由县级以上人民政府卫生行政部门责令改正，通报批评，给予警告；造成传染病传播、流行或者其他严重后果的，对负有责任的主管人员和其他直接责任人员，依法给予降级、撤职、开除的处分，并可以依法吊销有关责任人员的执业证书；构成犯罪的，依法追究刑事责任：(1) 未按照规定承担本单位的传染病预防、控制工作、医院感染控制任务和责任区域内的传染病预防工作的；(2) 未按照规定报告传染病疫情，或者隐瞒、谎报、缓报传染病疫情的；(3) 发现传染病疫情时，未按照规定对传染病病人、疑似传染病病人提供医疗救护、现场救援、接诊、转诊的，或者拒绝接受转诊的；(4) 未按照规定对本单位内被传染病病原体污染的场所、物品以及医疗废物实施消毒或者无害化处置的；(5) 未按照规定对医疗器械进行消毒，或者对按照规定一次使用的医疗器具未予销毁，再次使用的；(6) 在医疗救治过程中未按照规定保管医学记录资料的；(7) 故意泄露传染病病人、病原携带者、疑似传染病病人、密切接触者涉及个人隐私的有关信息、资料的。

◆ 第九十六条　有关单位的法律责任

有关单位有下列情形之一，由所在地履行统一领导职责的人民政府有关部门责令停产停业，暂扣或者吊销许可证件，并处五万元以上二十万元以下的罚款；情节特别严重的，并处二十万元以上一百万元以下的罚款：

（一）未按照规定采取预防措施，导致发生较大以上突发事件的；

（二）未及时消除已发现的可能引发突发事件的隐患，导致发生较大以上突发事件的；

（三）未做好应急物资储备和应急设备、设施日常维护、检测工作，导致发生较大以上突发事件或者突发事件危害扩大的；

（四）突发事件发生后，不及时组织开展应急救援工作，造成严重后果的。

其他法律对前款行为规定了处罚的，依照较重的规定处罚。

实用问答

1. 违反《气象法》规定，使用不符合技术要求的气象专用技术装备，造成危害的，应当承担什么责任？

答：根据《气象法》第 36 条的规定，违反《气象法》规定，使用不符合技术要求的气象专用技术装备，造成危害的，由有关气象主管机构按照权限责令改正，给予警告，可以并处 5 万元以下的罚款。

2. 单位哪些行为应当由住房和城乡建设主管部门、消防救援机构按照各自职权责令停止施工、停止使用或者停产停业，并处 3 万元以上 30 万元以下罚款？

答：根据《消防法》第 58 条第 1 款的规定，违反《消防法》规定，有下列行为之一的，由住房和城乡建设主管部门、消防救援机构按照各自职权责令停止施工、停止使用或者停产停业，并处 3 万元以上 30 万元以下罚款：（1）依法应当进行消防设计审查的建设工程，未经依法审查或者审查不合格，擅自施工的；（2）依法应当进行消防验收的建设工程，未经消防验收或者消防验收不合格，擅自投入使用的；（3）《消防法》第 13 条规定的其他建设工程验收后经依法抽查不合格，不停止使用的；（4）公众聚集场所未经消防救援机构许可，擅自投入使用、营业的，或者经核查发现场所使用、营业情况与承诺内容不符的。

3. 在破坏性地震应急工作中，单位有哪些行为时需要对负有直接责任的主管人员和其他直接责任人员追究法律责任？

答：根据《破坏性地震应急条例》第37条的规定，在破坏性地震应急工作中，有关单位有下列行为之一的，对负有直接责任的主管人员和其他直接责任人员依法给予行政处分；属于违反治安管理行为的，依照《治安管理处罚法》的规定给予处罚；构成犯罪的，依法追究刑事责任：(1) 不按照《破坏性地震应急条例》规定制定破坏性地震应急预案的；(2) 不按照破坏性地震应急预案的规定和抗震救灾指挥部的要求实施破坏性地震应急预案的；(3) 违抗抗震救灾指挥部命令，拒不承担地震应急任务的；(4) 阻挠抗震救灾指挥部紧急调用物资、人员或者占用场地的；(5) 贪污、挪用、盗窃地震应急工作经费或者物资的；(6) 有特定责任的国家工作人员在临震应急期或者震后应急期不坚守岗位，不及时掌握震情、灾情，临阵脱逃或者玩忽职守的；(7) 在临震应急期或者震后应急期哄抢国家、集体或者公民的财产的；(8) 阻碍抗震救灾人员执行职务或者进行破坏活动的；(9) 不按照规定和实际情况报告灾情的；(10) 散布谣言，扰乱社会秩序，影响破坏性地震应急工作的；(11) 有对破坏性地震应急工作造成危害的其他行为的。

4. 在核电厂核事故应急工作中，单位有哪些行为时需对有关责任人员追究法律责任？

答：根据《核电厂核事故应急管理条例》第38条的规定，在核电厂核事故应急工作中，单位有下列行为之一的，对有关责任人员视情节和危害后果，由其所在单位或者上级机关给予行政处分；属于违反治安管理行为的，由公安机关依照《治安管理处罚法》的规定予以处罚；构成犯罪的，由司法机关依法追究刑事责任：（1）不按照规定制定核事故应急计划，拒绝承担核事故应急准备义务的；（2）玩忽职守，引起核事故发生的；（3）不按照规定报告、通报核事故真实情况的；（4）拒不执行核事故应急计划，不服从命令和指挥，或者在核事故应急响应时临阵脱逃的；（5）盗窃、挪用、贪污核事故应急工作所用资金或者物资的；（6）阻碍核事故应急工作人员依法执行职务或者进行破坏活动的；（7）散布谣言，扰乱社会秩序的；（8）有其他对核事故应急工作造成危害的行为的。

◆ **第九十七条　编造、传播虚假信息的法律责任**

违反本法规定，编造并传播有关突发事件的虚假信息，或者明知是有关突发事件的虚假信息而进行传播的，责令改正，给予警告；造成严重后果的，依法暂停其业务活动或者吊销其许可证件；负有直接责任的人员是公职人员的，还应当依法给予处分。

◆ **第九十八条　违反决定、命令的处理**

单位或者个人违反本法规定，不服从所在地人民政府及其有关部门依法发布的决定、命令或者不配合其依法采取的措施的，责令改正；造成严重后果的，依法给予行政处罚；负有直接责任的人员是公职人员的，还应当依法给予处分。

> **典型案例**

湖北竹山刘某某涉嫌妨害公务案①

要旨 违反《传染病防治法》的规定，拒绝执行卫生防疫机构依照《传染病防治法》提出的防控措施，引起新型冠状病毒传播或者有传播的严重危险，不符合《刑法》第 114 条、第 115 条第 1 款规定的，依照《刑法》第 330 条的规定，以妨害传染病防治罪定罪处罚。

◆ **第九十九条　违反个人信息保护规定的责任**

单位或者个人违反本法第八十四条、第八十五条关于个人信息保护规定的，由主管部门依照有关法律规定给予处罚。

◆ **第一百条　民事责任**

单位或者个人违反本法规定，导致突发事件发生或者危害扩大，造成人身、财产或者其他损害的，应当依法承担民事责任。

◆ **第一百零一条　紧急避险**

为了使本人或者他人的人身、财产免受正在发生的危险而采取避险措施的，依照《中华人民共和国民法典》、《中华人民共和国刑法》等法律关于紧急避险的规定处理。

---

① 参见《全国检察机关依法办理妨害新冠肺炎疫情防控犯罪典型案例（第一批）》，载最高人民检察院网 2020 年 2 月 11 日，https：//www.spp.gov.cn/spp/xwfbh/wsfbt/202002/t20200211_454256.shtml#2。

实用问答

1.《民法典》条文中关于"紧急避险"的规定有哪些？

答：根据《民法典》第 182 条的规定，因紧急避险造成损害的，由引起险情发生的人承担民事责任。危险由自然原因引起的，紧急避险人不承担民事责任，可以给予适当补偿。紧急避险采取措施不当或者超过必要的限度，造成不应有的损害的，紧急避险人应当承担适当的民事责任。

2.《刑法》条文中关于"紧急避险"的规定有哪些？

答：根据《刑法》第 21 条的规定，为了使国家、公共利益、本人或者他人的人身、财产和其他权利免受正在发生的危险，不得已采取紧急避险行为，造成损害的，不负刑事责任。紧急避险超过必要限度造成不应有的损害的，应当负刑事责任，但是应当减轻或者免除处罚。前述关于避免本人危险的规定，不适用于职务上、业务上负有特定责任的人。

◆ 第一百零二条　行政与刑事责任

违反本法规定，构成违反治安管理行为的，依法给予治安管理处罚；构成犯罪的，依法追究刑事责任。

名词解释

违反治安管理行为，是指扰乱社会秩序，妨害公共安全，侵犯公民人身权利，侵犯公私财产，尚不够刑事处罚，应当给予治安管理处罚的行为。

典型案例

湖北通城毛某某、胡某某抢劫案[①]

要旨 对于在疫情防控期间针对与防控疫情有关的人员实施违法犯罪的,要作为从重情节予以考量,依法体现从严的政策要求,有力惩治震慑违法犯罪。

---

① 参见《全国检察机关依法办理妨害新冠肺炎疫情防控犯罪典型案例(第一批)》,载最高人民检察院网 2020 年 2 月 11 日,https://www.spp.gov.cn/spp/xwfbh/wsfbt/202002/t20200211_454256.shtml#2。

第八章 附　　则

◆ **第一百零三条　紧急状态**

发生特别重大突发事件，对人民生命财产安全、国家安全、公共安全、生态环境安全或者社会秩序构成重大威胁，采取本法和其他有关法律、法规、规章规定的应急处置措施不能消除或者有效控制、减轻其严重社会危害，需要进入紧急状态的，由全国人民代表大会常务委员会或者国务院依照宪法和其他有关法律规定的权限和程序决定。

紧急状态期间采取的非常措施，依照有关法律规定执行或者由全国人民代表大会常务委员会另行规定。

实用问答

拒不执行人民政府在紧急状态情况下依法发布的决定、命令的，应当承担什么法律责任？

答：根据《治安管理处罚法》第 50 条第 1 款的规定，拒不执行人民政府在紧急状态情况下依法发布的决定、命令的，处警告或者 200 元以下罚款；情节严重的，处 5 日以上 10 日以下拘留，可以并处 500 元以下罚款。

◆ **第一百零四条　保护管辖**

　　中华人民共和国领域外发生突发事件，造成或者可能造成中华人民共和国公民、法人和其他组织人身伤亡、财产损失的，由国务院外交部门会同国务院其他有关部门、有关地方人民政府，按照国家有关规定做好应对工作。

◆ **第一百零五条　外国人、无国籍人的属地管辖**

　　在中华人民共和国境内的外国人、无国籍人应当遵守本法，服从所在地人民政府及其有关部门依法发布的决定、命令，并配合其依法采取的措施。

◆ **第一百零六条　施行时间**

　　本法自 2024 年 11 月 1 日起施行。

附 录

突发公共卫生事件应急条例

（2003年5月9日国务院令第376号发布 根据2011年1月8日国务院令第588号《关于废止和修改部分行政法规的决定》修订）

第一章 总 则

第一条 为了有效预防、及时控制和消除突发公共卫生事件的危害，保障公众身体健康与生命安全，维护正常的社会秩序，制定本条例。

第二条 本条例所称突发公共卫生事件（以下简称突发事件），是指突然发生，造成或者可能造成社会公众健康严重损害的重大传染病疫情、群体性不明原因疾病、重大食物和职业中毒以及其他严重影响公众健康的事件。

第三条 突发事件发生后，国务院设立全国突发事件应急处理指挥部，由国务院有关部门和军队有关部门组成，国务院主管领导人担任总指挥，负责对全国突发事件应急处理的统一领导、统一指挥。

国务院卫生行政主管部门和其他有关部门，在各自的职责范围内做好突发事件应急处理的有关工作。

第四条 突发事件发生后，省、自治区、直辖市人民政府成立地方突发事件应急处理指挥部，省、自治区、直辖市人民政府主要领导人担任总指挥，负责领导、指挥本行政区域内突发事件应急处理工作。

县级以上地方人民政府卫生行政主管部门，具体负责组织突发事件的调查、控制和医疗救治工作。

县级以上地方人民政府有关部门，在各自的职责范围内做好突发事件应急处理的有关工作。

第五条 突发事件应急工作，应当遵循预防为主、常备不懈的方针，贯彻统一领导、分级负责、反应及时、措施果断、依靠科学、加强合作的原则。

第六条 县级以上各级人民政府应当组织开展防治突发事件相关科学研究，建立突发事件应急流行病学调查、传染源隔离、医疗救护、现场处置、监督检查、监测检验、卫生防护等有关物资、设备、设施、技术与人才资源储备，所需经费列入本级政府财政预算。

国家对边远贫困地区突发事件应急工作给予财政支持。

第七条 国家鼓励、支持开展突发事件监测、预警、反应处理有关技术的国际交流与合作。

第八条 国务院有关部门和县级以上地方人民政府及其有关部门，应当建立严格的突发事件防范和应急处理责任制，切实履行各自的职责，保证突发事件应急处理工作的正常进行。

第九条 县级以上各级人民政府及其卫生行政主管部门，应当对参加突发事件应急处理的医疗卫生人员，给予适当补助和保健津贴；对参加突发事件应急处理作出贡献的人员，给予表彰和奖励；对因参与应急处理工作致病、致残、死亡的人员，按照国家有关规定，给予相应的补助和抚恤。

第二章　预防与应急准备

第十条 国务院卫生行政主管部门按照分类指导、快速反应的要求，制定全国突发事件应急预案，报请国务院批准。

省、自治区、直辖市人民政府根据全国突发事件应急预案，结合本地实际情况，制定本行政区域的突发事件应急预案。

第十一条 全国突发事件应急预案应当包括以下主要内容：

（一）突发事件应急处理指挥部的组成和相关部门的职责；

（二）突发事件的监测与预警；

（三）突发事件信息的收集、分析、报告、通报制度；

（四）突发事件应急处理技术和监测机构及其任务；

（五）突发事件的分级和应急处理工作方案；

（六）突发事件预防、现场控制，应急设施、设备、救治药品和医疗器械以及其他物资和技术的储备与调度；

（七）突发事件应急处理专业队伍的建设和培训。

第十二条 突发事件应急预案应当根据突发事件的变化和实施中发现的问题及时进行修订、补充。

第十三条 地方各级人民政府应当依照法律、行政法规的规定，做好传染病预防和其他公共卫生工作，防范突发事件的发生。

县级以上各级人民政府卫生行政主管部门和其他有关部门，应当对公众开展突发事件应急知识的专门教育，增强全社会对突发事件的防范意识和应对能力。

第十四条 国家建立统一的突发事件预防控制体系。

县级以上地方人民政府应当建立和完善突发事件监测与预警系统。

县级以上各级人民政府卫生行政主管部门，应当指定机构负责开展突发事件的日常监测，并确保监测与预警系统的正常运行。

第十五条 监测与预警工作应当根据突发事件的类别，制定监测计划，科学分析、综合评价监测数据。对早期发现的潜在隐患以及可能发生的突发事件，应当依照本条例规定的报告程序和时限及时报告。

第十六条 国务院有关部门和县级以上地方人民政府及其有关部门，应当根据突发事件应急预案的要求，保证应急设施、设备、救治药品和医疗器械等物资储备。

第十七条 县级以上各级人民政府应当加强急救医疗服务网络的建

设，配备相应的医疗救治药物、技术、设备和人员，提高医疗卫生机构应对各类突发事件的救治能力。

设区的市级以上地方人民政府应当设置与传染病防治工作需要相适应的传染病专科医院，或者指定具备传染病防治条件和能力的医疗机构承担传染病防治任务。

第十八条　县级以上地方人民政府卫生行政主管部门，应当定期对医疗卫生机构和人员开展突发事件应急处理相关知识、技能的培训，定期组织医疗卫生机构进行突发事件应急演练，推广最新知识和先进技术。

第三章　报告与信息发布

第十九条　国家建立突发事件应急报告制度。

国务院卫生行政主管部门制定突发事件应急报告规范，建立重大、紧急疫情信息报告系统。

有下列情形之一的，省、自治区、直辖市人民政府应当在接到报告1小时内，向国务院卫生行政主管部门报告：

（一）发生或者可能发生传染病暴发、流行的；

（二）发生或者发现不明原因的群体性疾病的；

（三）发生传染病菌种、毒种丢失的；

（四）发生或者可能发生重大食物和职业中毒事件的。

国务院卫生行政主管部门对可能造成重大社会影响的突发事件，应当立即向国务院报告。

第二十条　突发事件监测机构、医疗卫生机构和有关单位发现有本条例第十九条规定情形之一的，应当在2小时内向所在地县级人民政府卫生行政主管部门报告；接到报告的卫生行政主管部门应当在2小时内向本级人民政府报告，并同时向上级人民政府卫生行政主管部门和国务院卫生行政主管部门报告。

县级人民政府应当在接到报告后 2 小时内向设区的市级人民政府或者上一级人民政府报告；设区的市级人民政府应当在接到报告后 2 小时内向省、自治区、直辖市人民政府报告。

第二十一条　任何单位和个人对突发事件，不得隐瞒、缓报、谎报或者授意他人隐瞒、缓报、谎报。

第二十二条　接到报告的地方人民政府、卫生行政主管部门依照本条例规定报告的同时，应当立即组织力量对报告事项调查核实、确证，采取必要的控制措施，并及时报告调查情况。

第二十三条　国务院卫生行政主管部门应当根据发生突发事件的情况，及时向国务院有关部门和各省、自治区、直辖市人民政府卫生行政主管部门以及军队有关部门通报。

突发事件发生地的省、自治区、直辖市人民政府卫生行政主管部门，应当及时向毗邻省、自治区、直辖市人民政府卫生行政主管部门通报。

接到通报的省、自治区、直辖市人民政府卫生行政主管部门，必要时应当及时通知本行政区域内的医疗卫生机构。

县级以上地方人民政府有关部门，已经发生或者发现可能引起突发事件的情形时，应当及时向同级人民政府卫生行政主管部门通报。

第二十四条　国家建立突发事件举报制度，公布统一的突发事件报告、举报电话。

任何单位和个人有权向人民政府及其有关部门报告突发事件隐患，有权向上级人民政府及其有关部门举报地方人民政府及其有关部门不履行突发事件应急处理职责，或者不按照规定履行职责的情况。接到报告、举报的有关人民政府及其有关部门，应当立即组织对突发事件隐患、不履行或者不按照规定履行突发事件应急处理职责的情况进行调查处理。

对举报突发事件有功的单位和个人，县级以上各级人民政府及其有关部门应当予以奖励。

第二十五条 国家建立突发事件的信息发布制度。

国务院卫生行政主管部门负责向社会发布突发事件的信息。必要时，可以授权省、自治区、直辖市人民政府卫生行政主管部门向社会发布本行政区域内突发事件的信息。

信息发布应当及时、准确、全面。

第四章 应急处理

第二十六条 突发事件发生后，卫生行政主管部门应当组织专家对突发事件进行综合评估，初步判断突发事件的类型，提出是否启动突发事件应急预案的建议。

第二十七条 在全国范围内或者跨省、自治区、直辖市范围内启动全国突发事件应急预案，由国务院卫生行政主管部门报国务院批准后实施。省、自治区、直辖市启动突发事件应急预案，由省、自治区、直辖市人民政府决定，并向国务院报告。

第二十八条 全国突发事件应急处理指挥部对突发事件应急处理工作进行督察和指导，地方各级人民政府及其有关部门应当予以配合。

省、自治区、直辖市突发事件应急处理指挥部对本行政区域内突发事件应急处理工作进行督察和指导。

第二十九条 省级以上人民政府卫生行政主管部门或者其他有关部门指定的突发事件应急处理专业技术机构，负责突发事件的技术调查、确证、处置、控制和评价工作。

第三十条 国务院卫生行政主管部门对新发现的突发传染病，根据危害程度、流行强度，依照《中华人民共和国传染病防治法》的规定及时宣布为法定传染病；宣布为甲类传染病的，由国务院决定。

第三十一条 应急预案启动前，县级以上各级人民政府有关部门应当根据突发事件的实际情况，做好应急处理准备，采取必要的应急措施。

应急预案启动后，突发事件发生地的人民政府有关部门，应当根据预案规定的职责要求，服从突发事件应急处理指挥部的统一指挥，立即到达规定岗位，采取有关的控制措施。

医疗卫生机构、监测机构和科学研究机构，应当服从突发事件应急处理指挥部的统一指挥，相互配合、协作，集中力量开展相关的科学研究工作。

第三十二条 突发事件发生后，国务院有关部门和县级以上地方人民政府及其有关部门，应当保证突发事件应急处理所需的医疗救护设备、救治药品、医疗器械等物资的生产、供应；铁路、交通、民用航空行政主管部门应当保证及时运送。

第三十三条 根据突发事件应急处理的需要，突发事件应急处理指挥部有权紧急调集人员、储备的物资、交通工具以及相关设施、设备；必要时，对人员进行疏散或者隔离，并可以依法对传染病疫区实行封锁。

第三十四条 突发事件应急处理指挥部根据突发事件应急处理的需要，可以对食物和水源采取控制措施。

县级以上地方人民政府卫生行政主管部门应当对突发事件现场等采取控制措施，宣传突发事件防治知识，及时对易受感染的人群和其他易受损害的人群采取应急接种、预防性投药、群体防护等措施。

第三十五条 参加突发事件应急处理的工作人员，应当按照预案的规定，采取卫生防护措施，并在专业人员的指导下进行工作。

第三十六条 国务院卫生行政主管部门或者其他有关部门指定的专业技术机构，有权进入突发事件现场进行调查、采样、技术分析和检验，对地方突发事件的应急处理工作进行技术指导，有关单位和个人应当予以配合；任何单位和个人不得以任何理由予以拒绝。

第三十七条 对新发现的突发传染病、不明原因的群体性疾病、重大食物和职业中毒事件，国务院卫生行政主管部门应当尽快组织力量制定相关的技术标准、规范和控制措施。

第三十八条　交通工具上发现根据国务院卫生行政主管部门的规定需要采取应急控制措施的传染病病人、疑似传染病病人，其负责人应当以最快的方式通知前方停靠点，并向交通工具的营运单位报告。交通工具的前方停靠点和营运单位应当立即向交通工具营运单位行政主管部门和县级以上地方人民政府卫生行政主管部门报告。卫生行政主管部门接到报告后，应当立即组织有关人员采取相应的医学处置措施。

交通工具上的传染病病人密切接触者，由交通工具停靠点的县级以上各级人民政府卫生行政主管部门或者铁路、交通、民用航空行政主管部门，根据各自的职责，依照传染病防治法律、行政法规的规定，采取控制措施。

涉及国境口岸和入出境的人员、交通工具、货物、集装箱、行李、邮包等需要采取传染病应急控制措施的，依照国境卫生检疫法律、行政法规的规定办理。

第三十九条　医疗卫生机构应当对因突发事件致病的人员提供医疗救护和现场救援，对就诊病人必须接诊治疗，并书写详细、完整的病历记录；对需要转送的病人，应当按照规定将病人及其病历记录的复印件转送至接诊的或者指定的医疗机构。

医疗卫生机构内应当采取卫生防护措施，防止交叉感染和污染。

医疗卫生机构应当对传染病病人密切接触者采取医学观察措施，传染病病人密切接触者应当予以配合。

医疗机构收治传染病病人、疑似传染病病人，应当依法报告所在地的疾病预防控制机构。接到报告的疾病预防控制机构应当立即对可能受到危害的人员进行调查，根据需要采取必要的控制措施。

第四十条　传染病暴发、流行时，街道、乡镇以及居民委员会、村民委员会应当组织力量，团结协作，群防群治，协助卫生行政主管部门和其他有关部门、医疗卫生机构做好疫情信息的收集和报告、人员的分散隔离、公共卫生措施的落实工作，向居民、村民宣传传染病防治的相关知识。

第四十一条 对传染病暴发、流行区域内流动人口，突发事件发生地的县级以上地方人民政府应当做好预防工作，落实有关卫生控制措施；对传染病病人和疑似传染病病人，应当采取就地隔离、就地观察、就地治疗的措施。对需要治疗和转诊的，应当依照本条例第三十九条第一款的规定执行。

第四十二条 有关部门、医疗卫生机构应当对传染病做到早发现、早报告、早隔离、早治疗，切断传播途径，防止扩散。

第四十三条 县级以上各级人民政府应当提供必要资金，保障因突发事件致病、致残的人员得到及时、有效的救治。具体办法由国务院财政部门、卫生行政主管部门和劳动保障行政主管部门制定。

第四十四条 在突发事件中需要接受隔离治疗、医学观察措施的病人、疑似病人和传染病病人密切接触者在卫生行政主管部门或者有关机构采取医学措施时应当予以配合；拒绝配合的，由公安机关依法协助强制执行。

第五章 法律责任

第四十五条 县级以上地方人民政府及其卫生行政主管部门未依照本条例的规定履行报告职责，对突发事件隐瞒、缓报、谎报或者授意他人隐瞒、缓报、谎报的，对政府主要领导人及其卫生行政主管部门主要负责人，依法给予降级或者撤职的行政处分；造成传染病传播、流行或者对社会公众健康造成其他严重危害后果的，依法给予开除的行政处分；构成犯罪的，依法追究刑事责任。

第四十六条 国务院有关部门、县级以上地方人民政府及其有关部门未依照本条例的规定，完成突发事件应急处理所需要的设施、设备、药品和医疗器械等物资的生产、供应、运输和储备的，对政府主要领导人和政府部门主要负责人依法给予降级或者撤职的行政处分；造成传染病传播、流行或者对社会公众健康造成其他严重危害后果的，依法给予开除的行政处分；构成犯罪的，依法追究刑事责任。

第四十七条　突发事件发生后，县级以上地方人民政府及其有关部门对上级人民政府有关部门的调查不予配合，或者采取其他方式阻碍、干涉调查的，对政府主要领导人和政府部门主要负责人依法给予降级或者撤职的行政处分；构成犯罪的，依法追究刑事责任。

第四十八条　县级以上各级人民政府卫生行政主管部门和其他有关部门在突发事件调查、控制、医疗救治工作中玩忽职守、失职、渎职的，由本级人民政府或者上级人民政府有关部门责令改正、通报批评、给予警告；对主要负责人、负有责任的主管人员和其他责任人员依法给予降级、撤职的行政处分；造成传染病传播、流行或者对社会公众健康造成其他严重危害后果的，依法给予开除的行政处分；构成犯罪的，依法追究刑事责任。

第四十九条　县级以上各级人民政府有关部门拒不履行应急处理职责的，由同级人民政府或者上级人民政府有关部门责令改正、通报批评、给予警告；对主要负责人、负有责任的主管人员和其他责任人员依法给予降级、撤职的行政处分；造成传染病传播、流行或者对社会公众健康造成其他严重危害后果的，依法给予开除的行政处分；构成犯罪的，依法追究刑事责任。

第五十条　医疗卫生机构有下列行为之一的，由卫生行政主管部门责令改正、通报批评、给予警告；情节严重的，吊销《医疗机构执业许可证》；对主要负责人、负有责任的主管人员和其他直接责任人员依法给予降级或者撤职的纪律处分；造成传染病传播、流行或者对社会公众健康造成其他严重危害后果，构成犯罪的，依法追究刑事责任：

（一）未依照本条例的规定履行报告职责，隐瞒、缓报或者谎报的；

（二）未依照本条例的规定及时采取控制措施的；

（三）未依照本条例的规定履行突发事件监测职责的；

（四）拒绝接诊病人的；

（五）拒不服从突发事件应急处理指挥部调度的。

第五十一条 在突发事件应急处理工作中，有关单位和个人未依照本条例的规定履行报告职责，隐瞒、缓报或者谎报，阻碍突发事件应急处理工作人员执行职务，拒绝国务院卫生行政主管部门或者其他有关部门指定的专业技术机构进入突发事件现场，或者不配合调查、采样、技术分析和检验的，对有关责任人员依法给予行政处分或者纪律处分；触犯《中华人民共和国治安管理处罚法》，构成违反治安管理行为的，由公安机关依法予以处罚；构成犯罪的，依法追究刑事责任。

第五十二条 在突发事件发生期间，散布谣言、哄抬物价、欺骗消费者，扰乱社会秩序、市场秩序的，由公安机关或者工商行政管理部门依法给予行政处罚；构成犯罪的，依法追究刑事责任。

第六章 附 则

第五十三条 中国人民解放军、武装警察部队医疗卫生机构参与突发事件应急处理的，依照本条例的规定和军队的相关规定执行。

第五十四条 本条例自公布之日起施行。

破坏性地震应急条例

（1995 年 2 月 11 日国务院令第 172 号发布 根据 2011 年 1 月 8 日国务院令第 588 号《关于废止和修改部分行政法规的决定》修订）

第一章 总 则

第一条 为了加强对破坏性地震应急活动的管理，减轻地震灾害损失,保障国家财产和公民人身、财产安全,维护社会秩序,制定本条例。

第二条 在中华人民共和国境内从事破坏性地震应急活动,必须遵守本条例。

第三条 地震应急工作实行政府领导、统一管理和分级、分部门负责的原则。

第四条 各级人民政府应当加强地震应急的宣传、教育工作,提高社会防震减灾意识。

第五条 任何组织和个人都有参加地震应急活动的义务。

中国人民解放军和中国人民武装警察部队是地震应急工作的重要力量。

第二章 应急机构

第六条 国务院防震减灾工作主管部门指导和监督全国地震应急工作。国务院有关部门按照各自的职责,具体负责本部门的地震应急工作。

第七条 造成特大损失的严重破坏性地震发生后,国务院设立抗震救灾指挥部,国务院防震减灾工作主管部门为其办事机构;国务院有关部门设立本部门的地震应急机构。

第八条 县级以上地方人民政府防震减灾工作主管部门指导和监督本行政区域内的地震应急工作。

破坏性地震发生后,有关县级以上地方人民政府应当设立抗震救灾指挥部,对本行政区域内的地震应急工作实行集中领导,其办事机构设在本级人民政府防震减灾工作主管部门或者本级人民政府指定的其他部门;国务院另有规定的,从其规定。

第三章 应急预案

第九条 国家的破坏性地震应急预案,由国务院防震减灾工作主管部门会同国务院有关部门制定，报国务院批准。

第十条 国务院有关部门应当根据国家的破坏性地震应急预案，制定本部门的破坏性地震应急预案，并报国务院防震减灾工作主管部门备案。

第十一条 根据地震灾害预测，可能发生破坏性地震地区的县级以上地方人民政府防震减灾工作主管部门应当会同同级有关部门以及有关单位，参照国家的破坏性地震应急预案，制定本行政区域内的破坏性地震应急预案，报本级人民政府批准；省、自治区和人口在100万以上的城市的破坏性地震应急预案，还应当报国务院防震减灾工作主管部门备案。

第十二条 部门和地方制定破坏性地震应急预案，应当从本部门或者本地区的实际情况出发，做到切实可行。

第十三条 破坏性地震应急预案应当包括下列主要内容：

（一）应急机构的组成和职责；

（二）应急通信保障；

（三）抢险救援的人员、资金、物资准备；

（四）灾害评估准备；

（五）应急行动方案。

第十四条 制定破坏性地震应急预案的部门和地方，应当根据震情的变化以及实施中发现的问题，及时对其制定的破坏性地震应急预案进行修订、补充；涉及重大事项调整的，应当报经原批准机关同意。

第四章 临震应急

第十五条 地震临震预报，由省、自治区、直辖市人民政府依照国务院有关发布地震预报的规定统一发布，其他任何组织或者个人不得发布地震预报。

任何组织或者个人都不得传播有关地震的谣言。发生地震谣传时，防震减灾工作主管部门应当协助人民政府迅速予以平息和澄清。

第十六条 破坏性地震临震预报发布后,有关省、自治区、直辖市人民政府可以宣布预报区进入临震应急期,并指明临震应急期的起止时间。

临震应急期一般为10日;必要时,可以延长10日。

第十七条 在临震应急期,有关地方人民政府应当根据震情,统一部署破坏性地震应急预案的实施工作,并对临震应急活动中发生的争议采取紧急处理措施。

第十八条 在临震应急期,各级防震减灾工作主管部门应当协助本级人民政府对实施破坏性地震应急预案工作进行检查。

第十九条 在临震应急期,有关地方人民政府应当根据实际情况,向预报区的居民以及其他人员提出避震撤离的劝告;情况紧急时,应当有组织地进行避震疏散。

第二十条 在临震应急期,有关地方人民政府有权在本行政区域内紧急调用物资、设备、人员和占用场地,任何组织或者个人都不得阻拦;调用物资、设备或者占用场地的,事后应当及时归还或者给予补偿。

第二十一条 在临震应急期,有关部门应当对生命线工程和次生灾害源采取紧急防护措施。

第五章 震后应急

第二十二条 破坏性地震发生后,有关的省、自治区、直辖市人民政府应当宣布灾区进入震后应急期,并指明震后应急期的起止时间。

震后应急期一般为10日;必要时,可以延长20日。

第二十三条 破坏性地震发生后,抗震救灾指挥部应当及时组织实施破坏性地震应急预案,及时将震情、灾情及其发展趋势等信息报告上一级人民政府。

第二十四条 防震减灾工作主管部门应当加强现场地震监测预报工

作，并及时会同有关部门评估地震灾害损失；灾情调查结果，应当及时报告本级人民政府抗震救灾指挥部和上一级防震减灾工作主管部门。

第二十五条　交通、铁路、民航等部门应当尽快恢复被损毁的道路、铁路、水港、空港和有关设施，并优先保证抢险救援人员、物资的运输和灾民的疏散。其他部门有交通运输工具的，应当无条件服从抗震救灾指挥部的征用或者调用。

第二十六条　通信部门应当尽快恢复被破坏的通信设施，保证抗震救灾通信畅通。其他部门有通信设施的，应当优先为破坏性地震应急工作服务。

第二十七条　供水、供电部门应当尽快恢复被破坏的供水、供电设施，保证灾区用水、用电。

第二十八条　卫生部门应当立即组织急救队伍，利用各种医疗设施或者建立临时治疗点，抢救伤员，及时检查、监测灾区的饮用水源、食品等，采取有效措施防止和控制传染病的暴发流行，并向受灾人员提供精神、心理卫生方面的帮助。医药部门应当及时提供救灾所需药品。其他部门应当配合卫生、医药部门，做好卫生防疫以及伤亡人员的抢救、处理工作。

第二十九条　民政部门应当迅速设置避难场所和救济物资供应点，提供救济物品等，保障灾民的基本生活，做好灾民的转移和安置工作。其他部门应当支持、配合民政部门妥善安置灾民。

第三十条　公安部门应当加强灾区的治安管理和安全保卫工作，预防和制止各种破坏活动，维护社会治安，保证抢险救灾工作顺利进行，尽快恢复社会秩序。

第三十一条　石油、化工、水利、电力、建设等部门和单位以及危险品生产、储运等单位，应当按照各自的职责，对可能发生或者已经发生次生灾害的地点和设施采取紧急处置措施，并加强监视、控制，防止灾害扩展。

公安消防机构应当严密监视灾区火灾的发生；出现火灾时，应当组织力量抢救人员和物资，并采取有效防范措施，防止火势扩大、蔓延。

第三十二条　广播电台、电视台等新闻单位应当根据抗震救灾指挥部提供的情况，按照规定及时向公众发布震情、灾情等有关信息，并做好宣传、报道工作。

第三十三条　抗震救灾指挥部可以请求非灾区的人民政府接受并妥善安置灾民和提供其他救援。

第三十四条　破坏性地震发生后，国内非灾区提供的紧急救援，由抗震救灾指挥部负责接受和安排；国际社会提供的紧急救援，由国务院民政部门负责接受和安排；国外红十字会和国际社会通过中国红十字会提供的紧急救援，由中国红十字会负责接受和安排。

第三十五条　因严重破坏性地震应急的需要，可以在灾区实行特别管制措施。省、自治区、直辖市行政区域内的特别管制措施，由省、自治区、直辖市人民政府决定；跨省、自治区、直辖市的特别管制措施，由有关省、自治区、直辖市人民政府共同决定或者由国务院决定；中断干线交通或者封锁国境的特别管制措施，由国务院决定。

特别管制措施的解除，由原决定机关宣布。

第六章　奖励和处罚

第三十六条　在破坏性地震应急活动中有下列事迹之一的，由其所在单位、上级机关或者防震减灾工作主管部门给予表彰或者奖励：

（一）出色完成破坏性地震应急任务的；

（二）保护国家、集体和公民的财产或者抢救人员有功的；

（三）及时排除险情，防止灾害扩大，成绩显著的；

（四）对地震应急工作提出重大建议，实施效果显著的；

（五）因震情、灾情测报准确和信息传递及时而减轻灾害损失的；

（六）及时供应用于应急救灾的物资和工具或者节约经费开支，成绩显著的；

（七）有其他特殊贡献的。

第三十七条 有下列行为之一的，对负有直接责任的主管人员和其他直接责任人员依法给予行政处分；属于违反治安管理行为的，依照治安管理处罚法的规定给予处罚；构成犯罪的，依法追究刑事责任：

（一）不按照本条例规定制定破坏性地震应急预案的；

（二）不按照破坏性地震应急预案的规定和抗震救灾指挥部的要求实施破坏性地震应急预案的；

（三）违抗抗震救灾指挥部命令，拒不承担地震应急任务的；

（四）阻挠抗震救灾指挥部紧急调用物资、人员或者占用场地的；

（五）贪污、挪用、盗窃地震应急工作经费或者物资的；

（六）有特定责任的国家工作人员在临震应急期或者震后应急期不坚守岗位，不及时掌握震情、灾情，临阵脱逃或者玩忽职守的；

（七）在临震应急期或者震后应急期哄抢国家、集体或者公民的财产的；

（八）阻碍抗震救灾人员执行职务或者进行破坏活动的；

（九）不按照规定和实际情况报告灾情的；

（十）散布谣言，扰乱社会秩序，影响破坏性地震应急工作的；

（十一）有对破坏性地震应急工作造成危害的其他行为的。

第七章 附 则

第三十八条 本条例下列用语的含义：

（一）"地震应急"，是指为了减轻地震灾害而采取的不同于正常工作程序的紧急防灾和抢险行动；

（二）"破坏性地震"，是指造成一定数量的人员伤亡和经济损失的地震事件；

（三）"严重破坏性地震"，是指造成严重的人员伤亡和经济损失，使灾区丧失或者部分丧失自我恢复能力，需要国家采取对抗行动的地震事件；

（四）"生命线工程"，是指对社会生活、生产有重大影响的交通、通信、供水、排水、供电、供气、输油等工程系统；

（五）"次生灾害源"，是指因地震而可能引发水灾、火灾、爆炸等灾害的易燃易爆物品、有毒物质贮存设施、水坝、堤岸等。

第三十九条　本条例自1995年4月1日起施行。

国家突发公共事件总体应急预案

（2006年1月8日国务院发布施行）

1　总　　则

1.1　编制目的

提高政府保障公共安全和处置突发公共事件的能力，最大程度地预防和减少突发公共事件及其造成的损害，保障公众的生命财产安全，维护国家安全和社会稳定，促进经济社会全面、协调、可持续发展。

1.2　编制依据

依据宪法及有关法律、行政法规，制定本预案。

1.3　分类分级

本预案所称突发公共事件是指突然发生，造成或者可能造成重大人员伤亡、财产损失、生态环境破坏和严重社会危害，危及公共安全的紧急事件。

根据突发公共事件的发生过程、性质和机理，突发公共事件主要分为以下四类：

（1）自然灾害。主要包括水旱灾害，气象灾害，地震灾害，地质灾害，海洋灾害，生物灾害和森林草原火灾等。

（2）事故灾难。主要包括工矿商贸等企业的各类安全事故，交通运输事故，公共设施和设备事故，环境污染和生态破坏事件等。

（3）公共卫生事件。主要包括传染病疫情，群体性不明原因疾病，食品安全和职业危害，动物疫情，以及其他严重影响公众健康和生命安全的事件。

（4）社会安全事件。主要包括恐怖袭击事件，经济安全事件和涉外突发事件等。

各类突发公共事件按照其性质、严重程度、可控性和影响范围等因素，一般分为四级：Ⅰ级（特别重大）、Ⅱ级（重大）、Ⅲ级（较大）和Ⅳ级（一般）。

1.4 适用范围

本预案适用于涉及跨省级行政区划的，或超出事发地省级人民政府处置能力的特别重大突发公共事件应对工作。

本预案指导全国的突发公共事件应对工作。

1.5 工作原则

（1）以人为本，减少危害。切实履行政府的社会管理和公共服务职能，把保障公众健康和生命财产安全作为首要任务，最大程度地减少突发公共事件及其造成的人员伤亡和危害。

（2）居安思危，预防为主。高度重视公共安全工作，常抓不懈，防患于未然。增强忧患意识，坚持预防与应急相结合，常态与非常态相结合，做好应对突发公共事件的各项准备工作。

（3）统一领导，分级负责。在党中央、国务院的统一领导下，建立健全分类管理、分级负责，条块结合、属地管理为主的应急管理体制，在各级党委领导下，实行行政领导责任制，充分发挥专业应急指挥机构的作用。

（4）依法规范，加强管理。依据有关法律和行政法规，加强应急管理，维护公众的合法权益，使应对突发公共事件的工作规范化、制度化、法制化。

（5）快速反应，协同应对。加强以属地管理为主的应急处置队伍建设，建立联动协调制度，充分动员和发挥乡镇、社区、企事业单位、社会团体和志愿者队伍的作用，依靠公众力量，形成统一指挥、反应灵敏、功能齐全、协调有序、运转高效的应急管理机制。

（6）依靠科技，提高素质。加强公共安全科学研究和技术开发，采用先进的监测、预测、预警、预防和应急处置技术及设施，充分发挥专家队伍和专业人员的作用，提高应对突发公共事件的科技水平和指挥能力，避免发生次生、衍生事件；加强宣传和培训教育工作，提高公众自救、互救和应对各类突发公共事件的综合素质。

1.6 应急预案体系

全国突发公共事件应急预案体系包括：

（1）突发公共事件总体应急预案。总体应急预案是全国应急预案体系的总纲，是国务院应对特别重大突发公共事件的规范性文件。

（2）突发公共事件专项应急预案。专项应急预案主要是国务院及其有关部门为应对某一类型或某几种类型突发公共事件而制定的应急预案。

（3）突发公共事件部门应急预案。部门应急预案是国务院有关部门根据总体应急预案、专项应急预案和部门职责为应对突发公共事件制定的预案。

（4）突发公共事件地方应急预案。具体包括：省级人民政府的突发公共事件总体应急预案、专项应急预案和部门应急预案；各市（地）、县（市）人民政府及其基层政权组织的突发公共事件应急预案。上述预案在省级人民政府的领导下，按照分类管理、分级负责的原则，由地方人民政府及其有关部门分别制定。

（5）企事业单位根据有关法律法规制定的应急预案。

（6）举办大型会展和文化体育等重大活动，主办单位应当制定应急预案。

各类预案将根据实际情况变化不断补充、完善。

2 组织体系

2.1 领导机构

国务院是突发公共事件应急管理工作的最高行政领导机构。在国务院总理领导下，由国务院常务会议和国家相关突发公共事件应急指挥机构（以下简称相关应急指挥机构）负责突发公共事件的应急管理工作；必要时，派出国务院工作组指导有关工作。

2.2 办事机构

国务院办公厅设国务院应急管理办公室，履行值守应急、信息汇总和综合协调职责，发挥运转枢纽作用。

2.3 工作机构

国务院有关部门依据有关法律、行政法规和各自的职责，负责相关类别突发公共事件的应急管理工作。具体负责相关类别的突发公共事件专项和部门应急预案的起草与实施，贯彻落实国务院有关决定事项。

2.4 地方机构

地方各级人民政府是本行政区域突发公共事件应急管理工作的行政领导机构，负责本行政区域各类突发公共事件的应对工作。

2.5 专家组

国务院和各应急管理机构建立各类专业人才库，可以根据实际需要聘请有关专家组成专家组，为应急管理提供决策建议，必要时参加突发公共事件的应急处置工作。

3 运行机制

3.1 预测与预警

各地区、各部门要针对各种可能发生的突发公共事件，完善预测预警机制，建立预测预警系统，开展风险分析，做到早发现、早报告、早处置。

3.1.1 预警级别和发布

根据预测分析结果，对可能发生和可以预警的突发公共事件进行预警。预警级别依据突发公共事件可能造成的危害程度、紧急程度和发展势态，一般划分为四级：Ⅰ级（特别严重）、Ⅱ级（严重）、Ⅲ级（较重）和Ⅳ级（一般），依次用红色、橙色、黄色和蓝色表示。

预警信息包括突发公共事件的类别、预警级别、起始时间、可能影响范围、警示事项、应采取的措施和发布机关等。

预警信息的发布、调整和解除可通过广播、电视、报刊、通信、信息网络、警报器、宣传车或组织人员逐户通知等方式进行，对老、幼、病、残、孕等特殊人群以及学校等特殊场所和警报盲区应当采取有针对性的公告方式。

3.2 应急处置

3.2.1 信息报告

特别重大或者重大突发公共事件发生后，各地区、各部门要立即报告，最迟不得超过4小时，同时通报有关地区和部门。应急处置过程中，要及时续报有关情况。

3.2.2 先期处置

突发公共事件发生后，事发地的省级人民政府或者国务院有关部门在报告特别重大、重大突发公共事件信息的同时，要根据职责和规定的权限启动相关应急预案，及时、有效地进行处置，控制事态。

在境外发生涉及中国公民和机构的突发事件，我驻外使领馆、国务院有关部门和有关地方人民政府要采取措施控制事态发展，组织开展应急救援工作。

3.2.3 应急响应

对于先期处置未能有效控制事态的特别重大突发公共事件，要及时启动相关预案，由国务院相关应急指挥机构或国务院工作组统一指挥或指导有关地区、部门开展处置工作。

现场应急指挥机构负责现场的应急处置工作。

需要多个国务院相关部门共同参与处置的突发公共事件，由该类突发公共事件的业务主管部门牵头，其他部门予以协助。

3.2.4 应急结束

特别重大突发公共事件应急处置工作结束，或者相关危险因素消除后，现场应急指挥机构予以撤销。

3.3 恢复与重建

3.3.1 善后处置

要积极稳妥、深入细致地做好善后处置工作。对突发公共事件中的伤亡人员、应急处置工作人员，以及紧急调集、征用有关单位及个人的物资，要按照规定给予抚恤、补助或补偿，并提供心理及司法援助。有关部门要做好疫病防治和环境污染消除工作。保险监管机构督促有关保险机构及时做好有关单位和个人损失的理赔工作。

3.3.2 调查与评估

要对特别重大突发公共事件的起因、性质、影响、责任、经验教训和恢复重建等问题进行调查评估。

3.3.3 恢复重建

根据受灾地区恢复重建计划组织实施恢复重建工作。

3.4 信息发布

突发公共事件的信息发布应当及时、准确、客观、全面。事件发生的第一时间要向社会发布简要信息，随后发布初步核实情况、政府应对措施和公众防范措施等，并根据事件处置情况做好后续发布工作。

信息发布形式主要包括授权发布、散发新闻稿、组织报道、接受记者采访、举行新闻发布会等。

4 应急保障

各有关部门要按照职责分工和相关预案做好突发公共事件的应对工作，同时根据总体预案切实做好应对突发公共事件的人力、物力、财力、交通运输、医疗卫生及通信保障等工作，保证应急救援工作的需要和灾区群众的基本生活，以及恢复重建工作的顺利进行。

4.1 人力资源

公安（消防）、医疗卫生、地震救援、海上搜救、矿山救护、森林消防、防洪抢险、核与辐射、环境监控、危险化学品事故救援、铁路事故、民航事故、基础信息网络和重要信息系统事故处置，以及水、电、油、气等工程抢险救援队伍是应急救援的专业队伍和骨干力量。地方各级人民政府和有关部门、单位要加强应急救援队伍的业务培训和应急演练，建立联动协调机制，提高装备水平；动员社会团体、企事业单位以及志愿者等各种社会力量参与应急救援工作；增进国际间的交流与合作。要加强以乡镇和社区为单位的公众应急能力建设，发挥其在应对突发公共事件中的重要作用。

中国人民解放军和中国人民武装警察部队是处置突发公共事件的骨干和突击力量，按照有关规定参加应急处置工作。

4.2 财力保障

要保证所需突发公共事件应急准备和救援工作资金。对受突发公共事件影响较大的行业、企事业单位和个人要及时研究提出相应的补偿或救助政策。要对突发公共事件财政应急保障资金的使用和效果进行监管和评估。

鼓励自然人、法人或者其他组织（包括国际组织）按照《中华人民共和国公益事业捐赠法》等有关法律、法规的规定进行捐赠和援助。

4.3 物资保障

要建立健全应急物资监测网络、预警体系和应急物资生产、储备、调拨及紧急配送体系，完善应急工作程序，确保应急所需物资和生活用品的及时供应，并加强对物资储备的监督管理，及时予以补充和更新。

地方各级人民政府应根据有关法律、法规和应急预案的规定，做好物资储备工作。

4.4 基本生活保障

要做好受灾群众的基本生活保障工作，确保灾区群众有饭吃、有水喝、有衣穿、有住处、有病能得到及时医治。

4.5 医疗卫生保障

卫生部门负责组建医疗卫生应急专业技术队伍，根据需要及时赴现场开展医疗救治、疾病预防控制等卫生应急工作。及时为受灾地区提供药品、器械等卫生和医疗设备。必要时，组织动员红十字会等社会卫生力量参与医疗卫生救助工作。

4.6 交通运输保障

要保证紧急情况下应急交通工具的优先安排、优先调度、优先放行，确保运输安全畅通；要依法建立紧急情况社会交通运输工具的征用程序，确保抢险救灾物资和人员能够及时、安全送达。

根据应急处置需要，对现场及相关通道实行交通管制，开设应急救援"绿色通道"，保证应急救援工作的顺利开展。

4.7 治安维护

要加强对重点地区、重点场所、重点人群、重要物资和设备的安全保护，依法严厉打击违法犯罪活动。必要时，依法采取有效管制措施，控制事态，维护社会秩序。

4.8 人员防护

要指定或建立与人口密度、城市规模相适应的应急避险场所，完善紧急疏散管理办法和程序，明确各级责任人，确保在紧急情况下公众安全、有序的转移或疏散。

要采取必要的防护措施，严格按照程序开展应急救援工作，确保人员安全。

4.9 通信保障

建立健全应急通信、应急广播电视保障工作体系，完善公用通信网，建立有线和无线相结合、基础电信网络与机动通信系统相配套的应急通信系统，确保通信畅通。

4.10 公共设施

有关部门要按照职责分工，分别负责煤、电、油、气、水的供给，以及废水、废气、固体废弃物等有害物质的监测和处理。

4.11 科技支撑

要积极开展公共安全领域的科学研究；加大公共安全监测、预测、预警、预防和应急处置技术研发的投入，不断改进技术装备，建立健全公共安全应急技术平台，提高我国公共安全科技水平；注意发挥企业在公共安全领域的研发作用。

5 监督管理

5.1 预案演练

各地区、各部门要结合实际，有计划、有重点地组织有关部门对相关预案进行演练。

5.2 宣传和培训

宣传、教育、文化、广电、新闻出版等有关部门要通过图书、报刊、音像制品和电子出版物、广播、电视、网络等，广泛宣传应急法律法规和预防、避险、自救、互救、减灾等常识，增强公众的忧患意识、社会责任意识和自救、互救能力。各有关方面要有计划地对应急救援和管理人员进行培训，提高其专业技能。

5.3 责任与奖惩

突发公共事件应急处置工作实行责任追究制。

对突发公共事件应急管理工作中做出突出贡献的先进集体和个人要

给予表彰和奖励。

对迟报、谎报、瞒报和漏报突发公共事件重要情况或者应急管理工作中有其他失职、渎职行为的，依法对有关责任人给予行政处分；构成犯罪的，依法追究刑事责任。

6 附 则

6.1 预案管理

根据实际情况的变化，及时修订本预案。

本预案自发布之日起实施。

突发事件应急预案管理办法

（2024年1月31日 国办发〔2024〕5号）

第一章 总 则

第一条 为加强突发事件应急预案（以下简称应急预案）体系建设，规范应急预案管理，增强应急预案的针对性、实用性和可操作性，依据《中华人民共和国突发事件应对法》等法律、行政法规，制定本办法。

第二条 本办法所称应急预案，是指各级人民政府及其部门、基层组织、企事业单位和社会组织等为依法、迅速、科学、有序应对突发事件，最大程度减少突发事件及其造成的损害而预先制定的方案。

第三条 应急预案的规划、编制、审批、发布、备案、培训、宣传、演练、评估、修订等工作，适用本办法。

第四条 应急预案管理遵循统一规划、综合协调、分类指导、分级负责、动态管理的原则。

第五条　国务院统一领导全国应急预案体系建设和管理工作，县级以上地方人民政府负责领导本行政区域内应急预案体系建设和管理工作。

突发事件应对有关部门在各自职责范围内，负责本部门（行业、领域）应急预案管理工作；县级以上人民政府应急管理部门负责指导应急预案管理工作，综合协调应急预案衔接工作。

第六条　国务院应急管理部门统筹协调各地区各部门应急预案数据库管理，推动实现应急预案数据共享共用。各地区各部门负责本行政区域、本部门（行业、领域）应急预案数据管理。

县级以上人民政府及其有关部门要注重运用信息化数字化智能化技术，推进应急预案管理理念、模式、手段、方法等创新，充分发挥应急预案牵引应急准备、指导处置救援的作用。

第二章　分类与内容

第七条　按照制定主体划分，应急预案分为政府及其部门应急预案、单位和基层组织应急预案两大类。

政府及其部门应急预案包括总体应急预案、专项应急预案、部门应急预案等。

单位和基层组织应急预案包括企事业单位、村民委员会、居民委员会、社会组织等编制的应急预案。

第八条　总体应急预案是人民政府组织应对突发事件的总体制度安排。

总体应急预案围绕突发事件事前、事中、事后全过程，主要明确应对工作的总体要求、事件分类分级、预案体系构成、组织指挥体系与职责，以及风险防控、监测预警、处置救援、应急保障、恢复重建、预案管理等内容。

第九条　专项应急预案是人民政府为应对某一类型或某几种类型突

发事件，或者针对重要目标保护、重大活动保障、应急保障等重要专项工作而预先制定的涉及多个部门职责的方案。

部门应急预案是人民政府有关部门根据总体应急预案、专项应急预案和部门职责，为应对本部门（行业、领域）突发事件，或者针对重要目标保护、重大活动保障、应急保障等涉及部门工作而预先制定的方案。

第十条 针对突发事件应对的专项和部门应急预案，主要规定县级以上人民政府或有关部门相关突发事件应对工作的组织指挥体系和专项工作安排，不同层级预案内容各有侧重，涉及相邻或相关地方人民政府、部门、单位任务的应当沟通一致后明确。

国家层面专项和部门应急预案侧重明确突发事件的应对原则、组织指挥机制、预警分级和事件分级标准、响应分级、信息报告要求、应急保障措施等，重点规范国家层面应对行动，同时体现政策性和指导性。

省级专项和部门应急预案侧重明确突发事件的组织指挥机制、监测预警、分级响应及响应行动、队伍物资保障及市县级人民政府职责等，重点规范省级层面应对行动，同时体现指导性和实用性。

市县级专项和部门应急预案侧重明确突发事件的组织指挥机制、风险管控、监测预警、信息报告、组织自救互救、应急处置措施、现场管控、队伍物资保障等内容，重点规范市（地）级和县级层面应对行动，落实相关任务，细化工作流程，体现应急处置的主体职责和针对性、可操作性。

第十一条 为突发事件应对工作提供通信、交通运输、医学救援、物资装备、能源、资金以及新闻宣传、秩序维护、慈善捐赠、灾害救助等保障功能的专项和部门应急预案侧重明确组织指挥机制、主要任务、资源布局、资源调用或应急响应程序、具体措施等内容。

针对重要基础设施、生命线工程等重要目标保护的专项和部门应急预案，侧重明确关键功能和部位、风险隐患及防范措施、监测预警、信息报告、应急处置和紧急恢复、应急联动等内容。

第十二条　重大活动主办或承办机构应当结合实际情况组织编制重大活动保障应急预案，侧重明确组织指挥体系、主要任务、安全风险及防范措施、应急联动、监测预警、信息报告、应急处置、人员疏散撤离组织和路线等内容。

第十三条　相邻或相关地方人民政府及其有关部门可以联合制定应对区域性、流域性突发事件的联合应急预案，侧重明确地方人民政府及其部门间信息通报、组织指挥体系对接、处置措施衔接、应急资源保障等内容。

第十四条　国家有关部门和超大特大城市人民政府可以结合行业（地区）风险评估实际，制定巨灾应急预案，统筹本部门（行业、领域）、本地区巨灾应对工作。

第十五条　乡镇（街道）应急预案重点规范乡镇（街道）层面应对行动，侧重明确突发事件的预警信息传播、任务分工、处置措施、信息收集报告、现场管理、人员疏散与安置等内容。

村（社区）应急预案侧重明确风险点位、应急响应责任人、预警信息传播与响应、人员转移避险、应急处置措施、应急资源调用等内容。

乡镇（街道）、村（社区）应急预案的形式、要素和内容等，可结合实际灵活确定，力求简明实用，突出人员转移避险，体现先期处置特点。

第十六条　单位应急预案侧重明确应急响应责任人、风险隐患监测、主要任务、信息报告、预警和应急响应、应急处置措施、人员疏散转移、应急资源调用等内容。

大型企业集团可根据相关标准规范和实际工作需要，建立本集团应急预案体系。

安全风险单一、危险性小的生产经营单位，可结合实际简化应急预案要素和内容。

第十七条 应急预案涉及的有关部门、单位等可以结合实际编制应急工作手册，内容一般包括应急响应措施、处置工作程序、应急救援队伍、物资装备、联络人员和电话等。

应急救援队伍、保障力量等应当结合实际情况，针对需要参与突发事件应对的具体任务编制行动方案，侧重明确应急响应、指挥协同、力量编成、行动设想、综合保障、其他有关措施等具体内容。

第三章　规划与编制

第十八条 国务院应急管理部门会同有关部门编制应急预案制修订工作计划，报国务院批准后实施。县级以上地方人民政府应急管理部门应当会同有关部门，针对本行政区域多发易发突发事件、主要风险等，编制本行政区域应急预案制修订工作计划，报本级人民政府批准后实施，并抄送上一级人民政府应急管理部门。

县级以上人民政府有关部门可以结合实际制定本部门（行业、领域）应急预案编制计划，并抄送同级应急管理部门。县级以上地方人民政府有关部门应急预案编制计划同时抄送上一级相应部门。

应急预案编制计划应当根据国民经济和社会发展规划、突发事件应对工作实际，适时予以调整。

第十九条 县级以上人民政府总体应急预案由本级人民政府应急管理部门组织编制，专项应急预案由本级人民政府相关类别突发事件应对牵头部门组织编制。县级以上人民政府部门应急预案，乡级人民政府、单位和基层组织等应急预案由有关制定单位组织编制。

第二十条 应急预案编制部门和单位根据需要组成应急预案编制工作小组，吸收有关部门和单位人员、有关专家及有应急处置工作经验的人员参加。编制工作小组组长由应急预案编制部门或单位有关负责人担任。

第二十一条　编制应急预案应当依据有关法律、法规、规章和标准，紧密结合实际，在开展风险评估、资源调查、案例分析的基础上进行。

风险评估主要是识别突发事件风险及其可能产生的后果和次生（衍生）灾害事件，评估可能造成的危害程度和影响范围等。

资源调查主要是全面调查本地区、本单位应对突发事件可用的应急救援队伍、物资装备、场所和通过改造可以利用的应急资源状况，合作区域内可以请求援助的应急资源状况，重要基础设施容灾保障及备用状况，以及可以通过潜力转换提供应急资源的状况，为制定应急响应措施提供依据。必要时，也可根据突发事件应对需要，对本地区相关单位和居民所掌握的应急资源情况进行调查。

案例分析主要是对典型突发事件的发生演化规律、造成的后果和处置救援等情况进行复盘研究，必要时构建突发事件情景，总结经验教训，明确应对流程、职责任务和应对措施，为制定应急预案提供参考借鉴。

第二十二条　政府及其有关部门在应急预案编制过程中，应当广泛听取意见，组织专家论证，做好与相关应急预案及国防动员实施预案的衔接。涉及其他单位职责的，应当书面征求意见。必要时，向社会公开征求意见。

单位和基层组织在应急预案编制过程中，应根据法律法规要求或实际需要，征求相关公民、法人或其他组织的意见。

第四章　审批、发布、备案

第二十三条　应急预案编制工作小组或牵头单位应当将应急预案送审稿、征求意见情况、编制说明等有关材料报送应急预案审批单位。因保密等原因需要发布应急预案简本的，应当将应急预案简本一并报送审批。

第二十四条 应急预案审核内容主要包括：

（一）预案是否符合有关法律、法规、规章和标准等规定；

（二）预案是否符合上位预案要求并与有关预案有效衔接；

（三）框架结构是否清晰合理，主体内容是否完备；

（四）组织指挥体系与责任分工是否合理明确，应急响应级别设计是否合理，应对措施是否具体简明、管用可行；

（五）各方面意见是否一致；

（六）其他需要审核的内容。

第二十五条 国家总体应急预案按程序报党中央、国务院审批，以党中央、国务院名义印发。专项应急预案由预案编制牵头部门送应急管理部衔接协调后，报国务院审批，以国务院办公厅或者有关应急指挥机构名义印发。部门应急预案由部门会议审议决定、以部门名义印发，涉及其他部门职责的可与有关部门联合印发；必要时，可以由国务院办公厅转发。

地方各级人民政府总体应急预案按程序报本级党委和政府审批，以本级党委和政府名义印发。专项应急预案按程序送本级应急管理部门衔接协调，报本级人民政府审批，以本级人民政府办公厅（室）或者有关应急指挥机构名义印发。部门应急预案审批印发程序按照本级人民政府和上级有关部门的应急预案管理规定执行。

重大活动保障应急预案、巨灾应急预案由本级人民政府或其部门审批，跨行政区域联合应急预案审批由相关人民政府或其授权的部门协商确定，并参照专项应急预案或部门应急预案管理。

单位和基层组织应急预案须经本单位或基层组织主要负责人签发，以本单位或基层组织名义印发，审批方式根据所在地人民政府及有关行业管理部门规定和实际情况确定。

第二十六条 应急预案审批单位应当在应急预案印发后的 20 个工作日内，将应急预案正式印发文本（含电子文本）及编制说明，依照下列规定向有关单位备案并抄送有关部门：

（一）县级以上地方人民政府总体应急预案报上一级人民政府备案，径送上一级人民政府应急管理部门，同时抄送上一级人民政府有关部门；

（二）县级以上地方人民政府专项应急预案报上一级人民政府相应牵头部门备案，同时抄送上一级人民政府应急管理部门和有关部门；

（三）部门应急预案报本级人民政府备案，径送本级应急管理部门，同时抄送本级有关部门；

（四）联合应急预案按所涉及区域，依据专项应急预案或部门应急预案有关规定备案，同时抄送本地区上一级或共同上一级人民政府应急管理部门和有关部门；

（五）涉及需要与所在地人民政府联合应急处置的中央单位应急预案，应当报所在地县级人民政府备案，同时抄送本级应急管理部门和突发事件应对牵头部门；

（六）乡镇（街道）应急预案报上一级人民政府备案，径送上一级人民政府应急管理部门，同时抄送上一级人民政府有关部门。村（社区）应急预案报乡镇（街道）备案；

（七）中央企业集团总体应急预案报应急管理部备案，抄送企业主管机构、行业主管部门、监管部门；有关专项应急预案向国家突发事件应对牵头部门备案，抄送应急管理部、企业主管机构、行业主管部门、监管部门等有关单位。中央企业集团所属单位、权属企业的总体应急预案按管理权限报所在地人民政府应急管理部门备案，抄送企业主管机构、行业主管部门、监管部门；专项应急预案按管理权限报所在地行业监管部门备案，抄送应急管理部门和有关企业主管机构、行业主管部门。

第二十七条　国务院履行应急预案备案管理职责的部门和省级人民政府应当建立应急预案备案管理制度。县级以上地方人民政府有关部门落实有关规定,指导、督促有关单位做好应急预案备案工作。

第二十八条 政府及其部门应急预案应当在正式印发后20个工作日内向社会公开。单位和基层组织应急预案应当在正式印发后20个工作日内向本单位以及可能受影响的其他单位和地区公开。

第五章 培训、宣传、演练

第二十九条 应急预案发布后,其编制单位应做好组织实施和解读工作,并跟踪应急预案落实情况,了解有关方面和社会公众的意见建议。

第三十条 应急预案编制单位应当通过编发培训材料、举办培训班、开展工作研讨等方式,对与应急预案实施密切相关的管理人员、专业救援人员等进行培训。

各级人民政府及其有关部门应将应急预案培训作为有关业务培训的重要内容,纳入领导干部、公务员等日常培训内容。

第三十一条 对需要公众广泛参与的非涉密的应急预案,编制单位应当充分利用互联网、广播、电视、报刊等多种媒体广泛宣传,制作通俗易懂、好记管用的宣传普及材料,向公众免费发放。

第三十二条 应急预案编制单位应当建立应急预案演练制度,通过采取形式多样的方式方法,对应急预案所涉及的单位、人员、装备、设施等组织演练。通过演练发现问题、解决问题,进一步修改完善应急预案。

专项应急预案、部门应急预案每3年至少进行一次演练。

地震、台风、风暴潮、洪涝、山洪、滑坡、泥石流、森林草原火灾等自然灾害易发区域所在地人民政府,重要基础设施和城市供水、供电、供气、供油、供热等生命线工程经营管理单位,矿山、金属冶炼、建筑施工单位和易燃易爆物品、化学品、放射性物品等危险物品生产、经营、使用、储存、运输、废弃处置单位,公共交通工具、公共场所和医院、学校等人员密集场所的经营单位或者管理单位等，应当有针对性地组织开展应急预案演练。

第三十三条　应急预案演练组织单位应当加强演练评估，主要内容包括：演练的执行情况，应急预案的实用性和可操作性，指挥协调和应急联动机制运行情况，应急人员的处置情况，演练所用设备装备的适用性，对完善应急预案、应急准备、应急机制、应急措施等方面的意见和建议等。

各地区各有关部门加强对本行政区域、本部门（行业、领域）应急预案演练的评估指导。根据需要，应急管理部门会同有关部门组织对下级人民政府及其有关部门组织的应急预案演练情况进行评估指导。

鼓励委托第三方专业机构进行应急预案演练评估。

第六章　评估与修订

第三十四条　应急预案编制单位应当建立应急预案定期评估制度，分析应急预案内容的针对性、实用性和可操作性等，实现应急预案的动态优化和科学规范管理。

县级以上地方人民政府及其有关部门应急预案原则上每3年评估一次。应急预案的评估工作，可以委托第三方专业机构组织实施。

第三十五条　有下列情形之一的，应当及时修订应急预案：

（一）有关法律、法规、规章、标准、上位预案中的有关规定发生重大变化的；

（二）应急指挥机构及其职责发生重大调整的；

（三）面临的风险发生重大变化的；

（四）重要应急资源发生重大变化的；

（五）在突发事件实际应对和应急演练中发现问题需要作出重大调整的；

（六）应急预案制定单位认为应当修订的其他情况。

第三十六条　应急预案修订涉及组织指挥体系与职责、应急处置程序、主要处置措施、突发事件分级标准等重要内容的，修订工作应参照本办法规定的应急预案编制、审批、备案、发布程序组织进行。仅涉及其他内容的，修订程序可根据情况适当简化。

第三十七条　各级人民政府及其部门、企事业单位、社会组织、公民等，可以向有关应急预案编制单位提出修订建议。

第七章　保障措施

第三十八条　各级人民政府及其有关部门、各有关单位要指定专门机构和人员负责相关具体工作，将应急预案规划、编制、审批、发布、备案、培训、宣传、演练、评估、修订等所需经费纳入预算统筹安排。

第三十九条　国务院有关部门应加强对本部门（行业、领域）应急预案管理工作的指导和监督，并根据需要编写应急预案编制指南。县级以上地方人民政府及其有关部门应对本行政区域、本部门（行业、领域）应急预案管理工作加强指导和监督。

第八章　附　则

第四十条　国务院有关部门、地方各级人民政府及其有关部门、大型企业集团等可根据实际情况，制定相关应急预案管理实施办法。

第四十一条　法律、法规、规章另有规定的从其规定，确需保密的应急预案按有关规定执行。

第四十二条　本办法由国务院应急管理部门负责解释。

第四十三条　本办法自印发之日起施行。